KB230764

복음의 자유

/갈/라/디/아/서/

바울이 갈라디아서에서 주장하는 이신득의 사상은 이러한 한국교회의 병폐들을 치유하는데 큰 도움을 줄 것이다. 그리스도 예수 안에서 주어지는 진정한 구원과 참된 자유의 길은 갈라디아서에서 바울이 주장하는 은혜신앙으로 무장될 때 비로소 가능하게 될 것이다.

복음의 자유

김 명 수 지음

KSI 한국학술정보(주)

〈이 저서는 2007학년도 경성대학교 학술연구비
지원에 의하여 연구되었음〉

머리말

한국에 기독교가 들어온 지 1세기가 넘었다. 그동안 한국교회는 양적인 면에서 괄목할 만한 성장을 이룩하였다. 그러나 양적인 성장에 치우친 나머지, 신앙의 내실을 기하는 데는 소홀히 한 면이 있다. 신앙의 내실을 기한다는 것은 무엇을 뜻하는가? 그것은 복음의 내용을 바르게 이해하고 그 바탕 위에서 믿음이 성숙한 그리스도인을 길러내는 것이리라. 복음에 대한 바른 이해가 바른 신앙으로 인도한다는 점을 고려한다면, 한국교회는 양적 성장 못지않게, 신앙의 질적 성숙을 위해서 노력하는 것도 중요한 일임을 잊어서는 안 될 것이다. 신앙의 차원에서 양과 질이 균형과 조화를 이룰 때, 한국교회는 명실 공히 교회 본연의 건강한 모습을 되찾게 될 수 있을 것이다.

그리스도교 복음은 원래 나사렛 예수와 그를 따르던 무리들이 팔레스티나의 북방 변경지역인 갈릴리에서 일으킨 하나님 나라 운동에 기반을 두고 있다. 초창기 예루살렘 교회를 주축으로 형성되었던 유대계 교회는 유대사회의 사회적 약자들을 선교의 주요 대상으로 삼았다. 바울이 없었다면, 그리스도교는 아마도 팔레스티나 지역 내에서 유대교 종파(Sekt)의 하나로 머물렀을 것이다. 바울이야말로 팔레스티나 변두리에 머물러 있던 그리스도교를 세계종교로 발돋움하게 한 결정적인 역할을 했던 장본인이다. 물론 바울은 초창기 팔레스티나 유대계 기독교의 전통 속에서 복음을 이해하였다. 그러나 그곳에 머물지 않고, 한걸음 더 나아가 그리스도교 복음을 이방세계에 어떻게 효과적으로 전파할 수 있을까를 고심하였다. 그 노력이 곧 바울의 이신득의(以信得義) 사상으로 결실을 맺었다. 예수 그리스도 사건, 곧 로고스가 육이 된 성육신 사건 자체가 복음이 유대 문화권에 토착화된 사건이지만, 이신득의 사상 역시 복음이 헬라문화권에 토착화되는 과정에서 형성된 산물임을 알 수 있다.

바울은 구원을 인간과 하나님 사이의 깨어진 관계(죄)를 바로잡고 정상적인 관계를 회복하는 것으로 이해하였다. 하나님과의 왜곡된 관계를 정상화하는 것, 곧 구원은 인간이 자기 힘으로 얻을 수 없다는 것이 바울의 기본입장이다. 마치 강물에 빠져 익사 직전에 있는 탈진한 사람이 다른 사람의 도움을 통해서만 구원받을 수 있듯이, 바울이 갈라디아서에서 주창하는 이신득의 사상은 인간의 한계성에 대한 철저한 자기성찰에서 출발한다. 인간은 스스로 구원할 수 없다는 것, 다시 말하면 오로지 예수 그리스도의 십자가 사건을 통해서 선사되는 하나님의 은총을 믿음으로 받아들임으로써만 하나님과 바른 관계를 회복할 수 있다는 것, 그 외에 어떠한 방법도 있을 수 없다는 것이다.

그런 면에서 바울의 이신득의 사상은 자율구원이 아니라 타율구원의 입장을 대변한다. 예수 그리스도의 십자가 사건 안에서 나타난 하나님의 구원사건을 믿음으로 받아들이느냐 아니면 거부하느냐가 그 사람의 구원과 심판을 결정하고, 그의 운명을 좌우한다. 구원은 인간의 노력이나 공로로 획득되어지는 것이 아니라, 오직 믿음을 통해서(sola fide) 주어지는 은혜의 선물일 뿐이다.

종교 개혁자 마르틴 루터(M.Luther)는 성서 중의 성서로 갈라디아서를 꼽았다. 그는 갈라디아서 주석을 두 번이나 쓸 정도로 이 책을 중요시했고, 이를 신학적 논거로 삼아 종교개혁을 성사시켰다. 그는 종교개혁의 핵심사상으로 내걸었던 오직 믿음으로(*sola fide*), 오직 은혜로(*sola gratia*), 오직 성서로(*sola scriptura*) 구원받을 수 있다는 칭의사상(Rechtfertigungslehre)이 갈라디아서에서 가장 선명하게 드러났다고 보았기 때문이다.

한국교회는 유교의 문화권에 속해있기 때문에 그런지 몰라도, 율법주의 신앙이 강세를 보이고 있다. 그와 아울러 기복주의 신앙, 형식주의 신앙, 개교회이기주의, 교파이기주의가 한국교회의 건강성을 해치고 있다.

바울이 갈라디아서에서 주장하는 이신득의 사상은 이러한 한국교회의 병폐들을 치유하는 데 큰 도움을 줄 것이다. 그리스도 예수 안에서 주어지는 진정한 구원과 참된 자유의 길은 갈라디아서에서 바울이 주장하는 은혜신앙으로 무장될 때 비로소 가능하게 될 것이다.

2007년 10월
대연동에서

신학박사 김명수

목 차

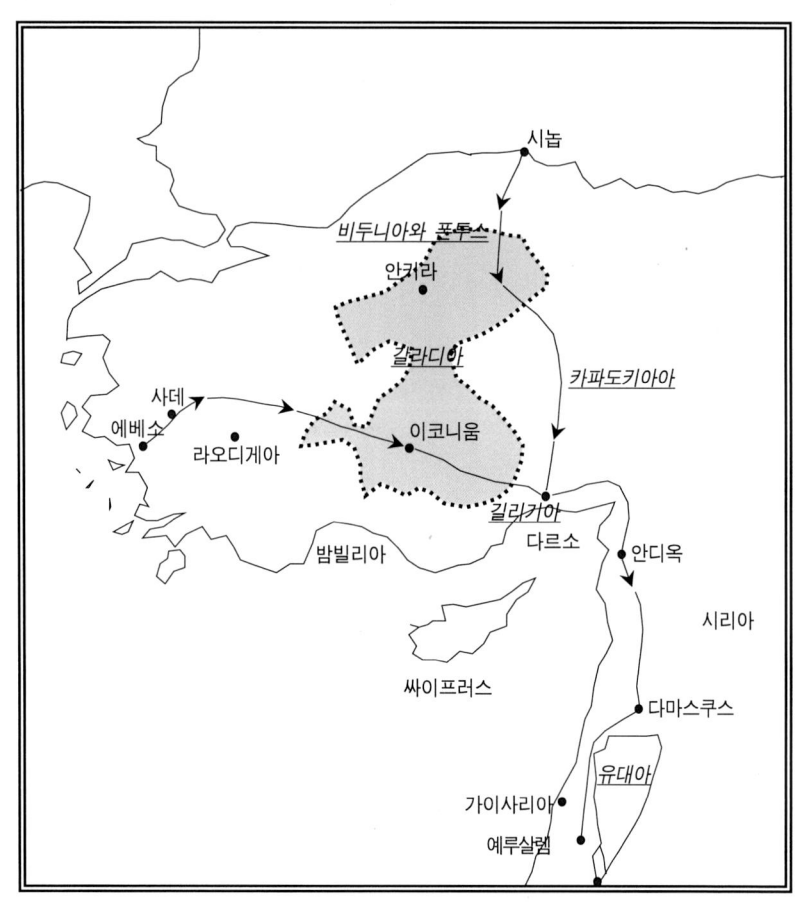

──▶ : 디아스포라 유대인늘의 예루살렘 순례길

제 1 강
갈라디아서 서설(序說)

1 개 괄

　성서는 하나님이 인간을 구원하신 역사에 대해서 기록한 책이다. 히
브리성서가 이스라엘 백성을 통한 하나님의 구원역사를 기록하고 있다
면, 신약성서는 예수 그리스도를 통한 하나님의 구원역사를 기록하고
있다. 성서가 증언하고 있는 하나님은 인간과 세계를 초월하여 계신 분
이지만, 동시에 인간과 함께 계신 분이기도 하다.

　초월성(超越性)과 동시에 내재성(內在性)을 지니고 있는 하나님을
기독교는 임마누엘(Immanuel: 하나님께서 우리와 함께 하신다)이라고
고백한다(마1:23). 임마누엘 하나님 신앙에서 초월과 내재가 하나로 만
난다. 그리스도인은 피안의 세계에서가 아니라, 인간, 역사, 세계 안에서
초월자 하나님을 만난다. '말씀이 육이 되었다'는 성육신(Incarnation)
신앙은 인간의 역사를 제외한 그 어디에서도 초월자를 만날 수 없으며,
인간은 오직 역사 속에서 초월자를 만날 수 있다는 사실을 단적으로 보

여준다(요1:14). 나사렛 예수 그리스도야말로 인간이 되신 하나님이요, 역사 속에 내재한 초월이라는 것이다.

초월자 하나님께서 인간을 구원하시는 방식은 초월적인 성격을 띠지 않는 것이 특징이다. 하나님은 어디까지나 인간을 통해서 그리고 인간의 역사 안에서 당신의 구원을 이루어 가신다. '역사를 통하여 스스로를 드러내심'(Revelation as History)이야말로 하나님께서 인간을 구원하시는 중요한 방식 가운데 하나이다.

역사를 통해서 계시된 하나님의 뜻을 기록한 그리스도교의 경전은 모두 66권의 서로 다른 책으로 구성되어 있다. 초창기 그리스도교는 희랍어로 기록된 신약성서 27권과 본래 유대교인들의 경전에 해당하는 히브리 성서 39권을 경전(Kanon)으로 삼았다. 초창기 그리스도교는 예수사건을 히브리 성서의 예언에 대한 성취라는 관점에서 예수가 메시아임을 증언하는 전거(典據)로써 수용했던 것이다.

신약성서의 책들은 주후 40년경부터 150년경까지 대략 2세기에 걸쳐서 서로 다른 저자들에 의해서 쓰였다. 저자뿐만 아니라 쓰인 장소도 각기 다르다. 팔레스티나 지역에 있는 교회에 의해서 쓰인 책들이 있는가 하면, 시리아 지역의 교회에 의해서 쓰인 책들도 있다. 소아시아 지역의 교회에서 쓰인 책들이 있는가 하면, 지중해 및 유럽지역의 교회들에 의해서 쓰인 책들도 있다.

신약성서의 각 책들을 쓴 목적 또한 다양하다. 예수 그리스도가 누구인가를 증언하기 위해서 쓴 책이 있는가 하면(복음서), 이단(異端)에 대항하여 기독교의 가르침을 수호하기 위해서 쓴 책도 있다(요한1.2.3서). 교회 공동체 안에 생긴 문제들에 대하여 신앙적으로 해결책을 마련해주기 위해서 쓰인 편지들이 있는가 하면(고린도전후서), 그리스도인들의 신앙을 돈독하게 하기 위할 목적으로 쓰인 책도 있다(요한복음).

이와 같이 저자, 장소, 목적이 각기 다름에도 불구하고, 신약성서를

구성하고 있는 모든 책들 가운데는 통일성(Unity)이 존재한다. 첫째는
신약성서의 모든 책들이 그 시대에 유럽과 근동세계에서 보편적으로 사
용되었던 언어인 코이네(Koine) 희랍어로 쓰였다는 점이다. 물론 예수
께서 희랍어를 알고 있었는지는 알 수 없다. 그러나 그가 하나님의
아들 그리스도임을 증언하고 있는 신약성서 27권의 책이 모두 희랍
어로 쓰임으로써 그리스도교는 유대교와 달리 이방세계에 쉽게 전
파될 수 있는 장점을 가지게 되었다. 둘째로 신약성서 27권이 비록
증언하는 방법은 각기 달리하고 있지만, 예수를 신앙고백의 대상으
로 삼고 있다는 점에서는 모두 일치한다. 모든 책들은 한결같이 예
수가 하나님의 아들이요 구세주라는 점을 증언하고 있다. 셋째로 신
약성서의 모든 책들은 편저자 개인의 이름으로 표기되어 있지만, 그
것은 실상 저자들이 속한 그리스도교 교회 공동체 구성원들의 신앙
고백을 담은 공동체의 작품이라는 점이다. 신약성서의 저자들은 예
수라는 한 인물의 자서전(自敍傳)에 관심을 둔 것이 아니라, 그리스
도인들의 그에 대한 신앙고백에 더 관심을 갖고 서술하였던 것이다.

이와 같이 세 가지 점에서 성서의 각 책들은 각기 특성이나 다양성
(Diversity)을 지니고 있음에도 불구하고 동시에 통일성(Unity)을 이
루고 있다.

신약성서 각 책들은 예수 그리스도를 통한 하나님의 구원사건을 다
양한 방법과 다양한 색깔로 증언한다. 그것은 마치 오케스트라를 연주
하는 것과도 같다. 고유한 음색을 지닌 서로 다른 악기들에 의해서 하
나의 오케스트라가 구성된다. 서로 다른 음색을 지닌 악기들에 의해서
나오는 음들은 모여서 하나의 하모니(Harmony)를 이룬다. 여러 가지
음이 하나의 조화음을 이루고, 하나의 조화음 속에는 여러 가지 음이
존재한다. 개체 속에 전체가 들어 있고, 전체 속에 개체가 들어있다.
일중다(一中多)와 다중일(多中一)의 조화와 협력 관계야말로 신약성서

의 책들이 증언하는 하나님의 구원 방식이다. 이와 같이 방법과 색깔은 다르지만, 신약성서의 각 책들은 서로 '어울려 있음'(Inter-being)으로 해서 예수 그리스도가 하나님의 구원사건임을 증언한다.

문학적 장르(Genre)로 보면, 신약성서는 복음서, 역사서, 서간문으로 분류될 수 있다. 역사적 예수의 생애를 중심으로 기록한 책이 복음서라면, 초대교회가 어떻게 형성되어 복음이 전파되어 가고 있는가에 대한 역사를 기록한 책이 사도행전이다. 사도행전에서는 베드로와 바울의 선교가 중심 역할을 한다. 그 밖에도 신약성서에는 22편의 서신이 들어 있다. 그중에 절반에 해당하는 13편 정도가 바울의 이름으로 쓰인 것들이다. 초창기 그리스도교 선교에서 바울의 역할과 비중이 어떠했는가를 이로 미루어 가히 짐작할 수 있다.

바울의 서신들은 일반적으로 목회서신(Pastoral Brief)의 성격을 지닌다. 그가 세운 교회들이 당면한 문제들에 대해서 바울은 신앙적이고 신학적인 답변을 주기 위해서 편지들을 썼던 것이다. 그중에 로마서와 갈라디아서는 그가 쓴 다른 편지들과 성격이 약간 다른데, 이는 예루살렘 모(母)교회와의 신학적 논쟁 가운데서 쓰였다. 주로 예루살렘 교회의 율법주의 신앙에 반대하는 그의 신학적 입장이 중심으로 기록되어 있다. 일반적으로 바울신학의 백미로 이해되고 있는 칭의론(Justification)과 성화론(Sanctification)이 위의 두 편지에서 집중적으로 다루어지고 있다. 죄 많은 인간이 하나님 앞에서 어떻게 의롭다 인정받을 수 있는가 하는 구원의 문제를 취급하고 있는 것이 칭의론(稱義論)이라면, 의롭다 인정받은 인간이 어떻게 그에 합당한 삶을 살아가야 할 것인가를 다루고 있는 것이 성화론(聖化論)이다. 갈라디아서에서는 주로 전자의 논지가 강력하게 다루어지고 있다.

2 기본내용

아마도 갈라디아서는 남부 갈라디아 지방에 퍼져있던 교회공동체들을 대상으로 쓰였을 것이다. 이 교회들은 바울이 바나바와 함께 제1차 선교여행을 하면서 세운 교회들이었다. 갈라디아 지역의 교회공동체는 바울이 선교여행을 하면서 온갖 고난 중에 거둔 선교의 결실이라고 할 수 있을 것이다.

혹자는 갈라디아서를 '작은 로마서'라고 부른다. 로마서와 마찬가지로 "믿음으로 의롭다 인정함을 받는다"는 이신득의(以信得義) 신앙이 그 기본주제를 이루고 있기 때문이다. 로마서가 이신득의 신앙 그 자체를 신학적으로 설명하는 데 중점을 두고 있다면, 갈라디아서는 소위 율법주의 신앙과 대립되고 있는 이신득의 신앙이 갖는 해방과 자유의 차원을 강조한다. 로마서가 복음의 교리적인 접근을 꾀하고 있다면, 갈라디아서는 교회가 처한 선교 상황에 근거한 윤리적 접근을 꾀하고 있다.

소아시아 지역의 중심에 위치한 갈라디아는 바울시대에 로마 식민지였다. 갈라디아 지방의 교회들은 제1차 선교여행 시, 주후 49년경 바울에 의해서 세워졌다. 갈라디아교회 교인들은 주로 이방인들로 구성되었다(4:8). 설립 당시 바울과 교인들 사이의 관계는 아주 좋았음을 알 수 있다(4:15). 그런데 바울이 에베소에서 새로 교회를 개척하고 있는 동안, 교회 안에 바울의 가르침에 반대하는 그룹이 생겨났다. 바울의 적대자들이 과연 누구였는가에 대해서는 확실히는 알 수 없다. 그러나 바울의 대적자들은 아마도 예루살렘 교회에 뿌리를 둔 율법주의자들이었을 것이며, 유대교 신앙과 그리스도교 신앙을 혼합하려는 일종의 종교혼합주의자들이었을 것이다.

갈라디아교회는 바울이 심혈을 기울여 설립한 공동체였다. 교우들은 바울에게 눈이라도 빼어줄 정도로 그를 사랑했다. 그러나 바울이 없는 사이에 '다른 복음'을 전파하는 자들이 은밀히 침투하여 교인들의 신앙을 흔들어놓고 있었던 것이다. 이러한 이단사상(異端思想)에 대항하여 바울은 그가 전한 복음의 정통성을 수호하지 않으면 안 되었다. 그가 전한 복음의 정통성을 이단사상으로부터 수호하기 위한 투쟁과정에서 갈라디아서가 탄생하게 되었다.

바울 대적자들이 제일 먼저 문제를 삼은 것은 무엇인가? 바울이 과연 사도로서의 자격이 있느냐는 것이었다. 사도의 조건은 무엇인가? "요한의 세례로부터 우리 가운데서 하늘로 올라가신 날까지, 주 예수께서 우리 가운데 출입하실 때, 항상 우리와 함께 다니던 사람 중에 하나를 세워 우리와 더불어 부활하심을 증거할 사람이 되게 하여야 하리라."(행1:21-22) 하여튼 육에 따른 예수와 함께 동행한 사람이라야 사도일 수 있다는 것이다.

이러한 조건에 비추어 볼 때 바울의 대적자들이 주장하는 바울의 사도권에 대한 문제 제기는 일리가 있어 보인다. 바울은 어떤가? 역사에 살았던 예수를 본 적도 없고 만난 적이 없다. 그를 따라다닌 적도 없고, 그의 가르침을 받은 적도 없다. 바울은 단지 다메섹으로 가는 길목에서 대낮에 환상을 보게 되었고, 그 가운데서 부활한 예수 그리스도의 음성을 들은 것이 전부였다. 환상 가운데서 그는 예수로부터 이방인의 사도로 부름을 받았음을 말한다.

갈라디아서 서두에서부터 바울은 자기가 어떻게 그리스도의 사도가 되었는가에 대한 내력(來歷)을 강한 어조로 변호한다. 그의 사도권을 문제 삼고, 이른바 '다른 복음'을 전하고 있는 자들에 반대하여 갈라디아서가 쓰였음을 알 수 있다. 바울은 격앙된 가운데서 자기가 받은 사도권의 정당성을 옹호하며, 그가 전한 복음의 정통성을 갈라디아 교인들에게 다시 한번 상기시킨다.

개신교 신앙은 바울에서 루터로 이어진다. 마르틴 루터(M.Luther)는 로마 가톨릭의 공로신앙에 대항하는 이신득의(Justification by faith)의 교리를 펼치면서 갈라디아서를 주요 전거(典據)로 삼았다. 텍스트를 중심으로 갈라디아서에서 주장되고 있는 바울 사상에 대해서 살펴보자.

3 갈라디아서의 구조

갈라디아서를 일반 편지의 형식에 따라 분류하면 1:1-5의 서론부, 1:6-6:10의 본론부, 6:11-18의 결론부로 나눌 수 있다. 서론부에서 편지를 보내는 사람, 받는 사람, 축도형식으로 된 인사말로 구성되고 있다면, 결론부에서는 할례주의자들의 이중성과 십자가 신앙에 대한 결론 그리고 축도로 끝맺는다.

본론부에 해당하는 1:6-6:10은 편의상 세 부분으로 나눌 수 있다. 1:6-2:21에서는 바울의 사도직과 복음의 신적 기원에 대하여 설명하고 있고, 3-4장에서는 율법과 언약을 비교하면서 구원에 있어서 율법의 일과 믿음의 본질적 차이에 대해서 설명한다. 5:1-6:10에서는 복음의 본질이 자유 함에 있다는 것과 성령에 따른 삶을 다루고 있다. 그리스도인은 그리스도 안에서 자유를 얻은 존재(freedom in Christ)를 가리킨다. 그 자유는 그러나 육체의 방종을 위해서 주어진 것이 아니라, 사랑으로 서로 섬기는 자유이며, 성령의 열매를 맺는 삶을 살기 위한 자유이다. 공공(公共)의 이익을 위하여 사적(私的) 이익을 포기하는 자유이다. 그리스도인의 자유는 율법으로부터의 자유이며(freedom from the law), 성령 안에서 새로운 삶을 위한 자유이다(freedom for the new life in the Holy Spirit). 그것은 곧 '나 중심'에서 '타자 중심'으로 우리의 생각과 삶의 패러다임을 바꾸는 것과 무관하지 않다.

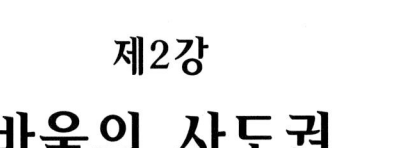

제2강
바울의 사도권

1. 사람들이 세워준 것도 아니요, 사람이 맡겨준 것도 아니요, 오직 예수 그리스도께서 맡겨주시고, 또 그분을 죽은 사람들 가운데서 살리신 하나님 아버지께서 맡겨주심으로써, 사도가 된 나 바울은, 2. 나와 함께 있는 모든 믿음의 식구들과 더불어 갈라디아에 있는 여러 교회들에게 이 편지를 씁니다. 3. 우리 아버지 하나님과 주 예수 그리스도께서 내려주시는 은혜와 평화가 여러분에게 있기를 빕니다. 4. 예수 그리스도께서는 하나님 우리 아버지의 뜻을 따라 우리를 이 악한 세대에서 건져주시려고, 우리의 죄를 대속하기 위해서 자기 몸을 제물로 바치셨습니다. 5. 하나님께 영광이 영원무궁토록 하도록 있기를 빕니다.(1:1-5)

　바울의 편지들은 일반적으로 일정한 형식을 지닌다. 편지의 서두인 경우, 발신자와 수신자를 먼저 밝히고, 문안인사를 한 다음, 축복하는 형식으로 정형화된다. 예를 들면 고린도전서의 서두는 다음과 같이 시작된다. "……나 바울과 소스테네는(발신자) 고린도에 있는 하나님의 교회에게(수신자) 이 편지를 씁니다. ……또 각처에서 우리 주 예수의 이름을 부르는 모든 이들에게 문안드립니다.(문안인사) ……하나님 아버지와 주 예수 그리스도께서 내려주시는 은혜와 평화가 여러분에게 깃들기를 빕니다."(축복)(고전1:1-3)

　그런데 갈라디아서의 서두는 이와 다른 형식을 띤다. "사람들에게서 난 것도 아니요, 사람으로 말미암은 것도 아니요, 오직 예수 그리스도와 죽은 자 가운데서 살리신 그리스도를 살리신 하나님 아버지로 말미암아 사도가 된 나 바울은……갈라디아에 있는 여러분에게 이 편지를 씁니다."(갈1:1-2) 바울은 문안인사도 없이, 복도 빌지 않고 편지의 서두를 서둘러 마친다. 이를 미루어 볼 때 바울이 무언가 심기가 불편하고 격앙된 가운데서 이 편지를 쓰고 있음이 틀림없어 보인다. 이러한 격앙된 분위기는 갈라디아서 전체에 계속된다.

왜 바울은 이와 같이 격앙된 분위기에서 편지를 쓰고 있는 것일까? 갈라디아 교인들에 대한 실망이 그만큼 컸기 때문이었으리라. 바울이 심혈을 기울여 개척한 갈라디아교회였다. 초창기 갈라디아 교인들과 바울의 관계는 어떠했는가? 할 수만 있다면 그들의 눈이라도 빼어줄 정도로 바울을 사랑하고 존경했던 사이였다(4:15). 그런데 지금은 어떠한가? 바울을 떠나 '다른 복음'을 전하는 자들을 따라갔고, 바울을 비방하는 대적자들 편에 섰다. 이와 같이 신앙의 줏대를 잃고 왔다 갔다 하는 갈라디아 교인들로부터 바울은 심한 배신감을 느꼈을 것이다.

바울은 갈라디아교회 교인들을 미혹한 그의 반대자들을 서슴없이 저주한다. "……우리가 여러분에게 전한 것과 다른 복음을 전한다면, 마땅히 저주받아야 합니다."(1:8) 바울은 자기가 전한 복음이 정통성과 정당성을 지니고 있다는 확신을 가지고 있었을 것이다. 그렇기 때문에 그와 '다른 복음'을 전하는 사람들을 공격할 수 있었다. 바울의 이러한 단호한 태도에서 복음을 향한 그의 열정을 읽을 수 있다.

바울은 복음에 관한한 타협하거나 양보할 줄 몰랐다. 복음과 진리를 지키는 데 타협이 있어서는 안 된다는 것이 그의 입장이었다. 주관이 뚜렷해야 한다. 그러나 그 외의 모든 일에서 바울은 언제나 양보했고 타협할 줄 알았다. 협동의 미덕을 보여 왔다. 남의 입장을 고려하지 않고, 자기주장만 고집할 때, 인간관계는 금이 가게 마련이다. 그런 사람이 많을 때 공동체에는 분란이 끊이지 않고, 하나가 될 수 없는 법이다.

반대자들이 바울의 약점을 집요하게 물고 늘어진 것이 사도권 문제였다는 것은 이미 언급한 바 있다. 편지를 시작하면서 바울은 이 문제를 갈라디아 교인들에게 분명히 해두어야 할 필요성을 느꼈을 것이다. 만약 바울의 사도권이 흔들린다면, 그의 복음 사업에 치명적인 타격을 입을 것이 분명했기 때문이다.

바울이 어떻게 사도가 되었는가? 바울은 이 점을 분명히 밝힌다. 사람으로부터(*ap' anthropon*) 사도로 세워진 것이 아니요, 사람에 의해서 (*di' anthropou*) 사도가 된 것도 아니라는 것이다. 그리스도께서 직접 택하였고 하나님께서 직접 택하셔서 사도가 되었다는 것이다. 하나님과 그리스도께서 친히 불러내어 바울을 사도로 세워주셨다는 것이다. 바울이 사도가 된 기원이나 수단은 결코 인간에 기인된 것이 아님을 강조한다. 편지의 첫 머리에서 바울이 이처럼 도전적인 논지를 주장하는 배후에는 갈라디아교회가 영적으로 얼마나 위기상황에 처해 있었는가를 단적으로 보여준다.

바울은 그가 전한 복음에 대해서도 이러한 입장을 고수한다. "내가 전한 복음은 사람에게서 비롯된 것도 아니요, ……사람에게서 받은 것도 아니요, 배운 것도 아니요, 예수 그리스도께서 나타나심으로 받은 것입니다."(1:11 – 12) 바울은 복음을 사도들로부터 들어서 아는 것이 아니라, 그리스도로부터 직접 받았다는 것을 강조한다.

바울은 그리스도인을 박해하기 위해서 다마스쿠스로 가는 길목에서 부활의 주님을 만나고, 그에 의해서 이방인의 사도로 부름을 받는다. 사도란 무엇인가? 임무를 띠고 보냄을 받은 자이다(마10:5). 바울은 부활한 그리스도로부터 직접 부름을 받고, 이방인을 대상으로 복음을 전파하는 일에 전심을 다하였다. 바울의 이러한 노력들이 열매를 맺게 되어 복음은 팔레스티나라는 조그만 지역을 초월하여, 이방지역을 향하여 퍼져 나가기 시작하였고, 이방지역에 그리스도 교회가 하나 둘 들어서기 시작하였다.

바울은 갈라디아에 있는 여러 교회들에게 이 편지를 보낸다. '갈라디아'(Galatia)는 유럽에서 기원한 켈트(Kelt)족의 하나인 고울(Gaul)족을 가리키는 헬라어 '갈라타이'(Galatai)에서 비롯되었다. 그들이 이동하여 오늘날 터키에 해당하는 소아시아 지역에 자리를 잡고서부터 생긴 이름이다. 바울이 선교하던 당시 갈라디아는 두 가지 의미로 사용되었다.

한편으로 본래 켈트족이 정착했던 소아시아 북부 지역을 가리킨다. 다른 한편으로 비시디아, 브루기아를 포함한 로마제국의 속주로 편입된 남부 지역을 가리킨다. 이 편지의 대상이 남부 갈라디아에 위치한 교회들이라는 설이 보다 많은 학자들에 의해서 지지를 받는다.

'여러 교회들'(*ekklesiai*)이라는 복수형을 사용한 것으로 보아 이 편지가 여러 교회들에게 보내어진 회람서신임을 추측할 수 있다. 갈라디아 지역에 있는 여러 교회들이 그의 대적자들에 의해서 복음의 진리가 왜곡되는 상황에 있었음을 알 수 있다.

바울이 세운 교회에 들어와서 대적자들은 그의 사도권을 문제삼는다. 예수를 생전에 만나보지도 못한 사람이 어떻게 사도가 될 수 있느냐는 것이었다. 이러한 주장에 대해서 바울은 그의 사도됨이 육신의 기준에 따라 된 것이 아님을 말한다. "이제부터 우리는 아무도 육신의 잣대로 알려고 하지 않습니다. 전에는 우리가 '육신의 잣대로'(*kata sarka*) 그리스도를 알았으나, 이제는 그렇지 않습니다."(고후5:16) 육신의 잣대로 예수를 안 사람은 어떠했는가? "저 사람, 나사렛에서 목수질 하던 사람이 아니냐? 목수 요셉의 아들이 아니냐? 예수의 모친과 형제자매들이 우리 이웃에 살고 있지 아니한가?" "그런데 저 사람이 언제 어디에서 저런 것들을 배웠는가?" 이와 같이 '육신의 잣대'대로 예수를 알았던 사람들은 결국 그를 믿을 수 없었다.

3절에서 바울은 '은혜'(*charis*)와 '평화'(*eirene*)가 있기를 빈다. 은혜와 평화는 바울이 즐겨 쓰는 용어이다. '은혜'에 해당하는 헬라어는 '카리스'(*charis*)는 원래 큰 기쁨, 신령한 기쁨을 지칭한다. 우리는 언제 큰 기쁨을 얻게 되는가? 일반적으로 예상치 못한 일을 경험했을 때이다. 예상치 못한 선물을 받았을 때 큰 기쁨을 얻게 된다. 내 노력의 대가로 보수를 받는다면, 그것은 큰 기쁨이 될 수 없을 것이다. 뜻밖의 선물을 받았을 때 기쁨이 배가된다. 대가성 없이 주고받는 것이 선물이다. 만약 조건이나 대가성이 개입된다면, 그것은 선물이 아니라, 뇌물이 될 것이다. 그래서 선물을 받으면 기쁨이 되지만, 뇌물을 받게 되면 마음이 찜찜하게 된다.

바울은 특히 조건 없이, 대가성 없이 주시는 하나님의 사랑을 일컬어 '카리스'라 불렀다. 하나님이 주시는 '카리스' 가운데 으뜸가는 것은 구원이다. 그리스도인이 받은 구원은 전적으로 조건 없이 주시는 하나님의 선물이다. '카리스'로서의 구원에는 그 어떠한 조건도, 대가성도 없다.

'평화'는 헬라어 '에이레네'(*eirene*)의 번역인데, 평강이라고 번역될 수도 있다. 히브리 성서에서 자주 등장하는 개념 가운데 하나인 '샬롬'(*shalom*)이 '에이레네'이다. 하나님과 올바른 관계를 유지하고, 이웃과 올바른 관계를 유지하는 것, 곧 하나님의 정의가 실현된 상태를 일컬어 '에이레네'라고 부른다. 은혜와 평화는 어디에서 오는가? 세상 권력에서 오는가? 물질과 명예에서 오는가? 아니다. 하나님에게서 온다. 복의 근원은 어디까지나 그리스도이다.

4-5절에서는 예수께서 죽으신 목적을 분명하게 밝히고 있다. 악한 세대로부터 우리를 건지기 위해서, 그리고 우리 죄를 대속하기 위함이라는 것이다. 이를 위해서 주님은 자기 몸을 희생제물로 바쳤고, 십자가에 죽으셨다. 구원이란 무엇인가? 건짐을 받는 것이다. 물에 빠져 익사 직전에 있는 사람은 스스로 자기 자신을 건질 수 없다. 누군가 밖에서 밧줄을 던져주거나, 손을 내밀어 잡아주어야 한다. 이와 같이 모든 인간은 자기 힘으로 구원받을 수 없다. 아무리 내가 도를 닦고, 선행하고, 수양하고, 공로를 세우고, 의를 행한다 해도 스스로 구원받을 수 없다. 모든 인간을 바울은 누군가 구원의 손길을 필요로 하는 죄에 빠진 실존으로 보았다. 이것이 바울의 인간관이다. 그렇기 때문에 모든 인간은 예수 그리스도를 필요로 하고, 십자가를 필요로 한다고 그는 생각했다.

바울은 말한다. 예수께서는 "우리 죄를 대속하기 위해서 자기 몸을 제물로 바쳤다." 죄 문제를 해결해야 구원받을 수 있다. 경제, 정치, 사회 문제가 우선이 아니다. 아이엠에프(IMF)를 극복한다고 해서 우리 문제가 해결되는 것이 아니다. 죄야말로 가장 근원적인 문제요, 가장 우선적으로 해결되어야 할 문제이다. 죄 문제 해결 없이 그 어떠한 종류의 구원도 있을 수 없다는 것이 성서의 가르침이다. 예수는 바로 이 죄 문제를 해결하기 위하여 오셨고, 죽으셨다는 것이다.

그러면 죄의 대속방법은 무엇인가? 우리 죄를 위하여 주님께서 자기 몸을 내어주었다고 한다. 다시 말하면 예수 그리스도의 십자가를 통해서만이 대속과 구원이 가능하다는 사실을 말한다. 자기희생 없는 구원이란 있을 수 없다. 예수께서 스스로 자기 자신을 내어준 자기희생이야말로 인간의 구원을 가능케 하는 사건이었다는 것이다. 개인 구원, 사회 구원, 나라 구원, 세계 구원은 자기희생에서 시작된다.

제3강
다른 복음은 없다

6. 여러분을 그리스도의 은혜 안으로 불러주신 그분에게서, 여러분이 그렇게도 빨리 떠나 다른 복음으로 넘어가는 데는, 나는 놀라지 않을 수 없습니다. 7. 실제로 다른 복음이 있는 것이 아닙니다. 다만 몇몇 사람이 여러분을 교란시켜 그리스도의 복음을 왜곡시키려고 하는 것뿐입니다. 8. 그러나 우리들이나, 또는 하늘에서 온 천사일지라도, 우리가 여러분에게 전한 것과 다른 복음을 여러분에게 전한다면, 마땅히 저주를 받아야 합니다. 9. 우리가 전에도 말하였지만, 이제 다시 말합니다. 여러분이 이미 받은 것과 다른 복음을 여러분에게 전하는 사람이 있다면, 그가 누구이든지, 저주를 받아 마땅합니다. 10. 내가 지금 사람들의 마음을 기쁘게 하려고 하고 있습니까? 아니면, 하나님의 마음을 기쁘게 해드리려 하고 있습니까? 아니면, 사람의 환심을 사려 하고 있습니까? 내가 아직도 사람의 환심을 사려 하고 있다면, 나는 그리스도의 종이 아닙니다.(1:6-10)

　6-10절은 갈라디아서 전체의 본론으로 들어가는 첫 부분에 해당한다. 본문에서 바울은 그가 왜 이 편지를 쓰게 되었는가? 이 편지를 통하여 그가 전하고자 하는 내용이 무엇인가를 분명히 밝히고 있다. "그리스도의 은혜 안으로 불러주신 그분에게서, 여러분이 그렇게도 빨리 떠나 다른 복음으로 넘어가는 데는, 놀라지 않을 수 없습니다."(6절) 엄한 책망으로 시작하고 있다. 바울이 전한 복음을 따르면서 신앙생활을 잘하던 교인들이었다. 그런데 그 가운데 몇몇 사람이 바울이 전한 복음과 '다른 복음'을 전하는 사람들의 꼬임에 빠져 바울이 저버렸다. 그들을 향하여 바울은 책망한다. 변절자들에 대한 실망스러움이 여실히 드러나고 있는 구절이다.

　"그리스도의 은혜 안으로 여러분을 부르신 그분, ……" 이 구절은 우리가 어떻게 복음에 접하게 되었는가를 밝혀준다. 우리가 먼저 하나님을 부른 것이 아니다. 하나님이 먼저 우리를 '그리스도의 은혜 안으로'(en chariti christou) 부르셨다는 것이다. 우리가 하나님을 찾아간 것이 아니라, 하나님이 먼저 우리를 찾아오셨다. 우리가 하나님을 사랑한 것이 아니라, 하나님이 먼저 우리를 사랑하셨다. 이것이 성서의 중언이다. 장로 요한도 이와 비슷한 증언을 한다. "사랑은 여기 있으니, 우리가 하나님을 사랑한 것이 아니요, 오직 하나님이 우리를 사랑하사, 우리 죄를 위하여 화목죄로 그 아들을 보내셨음이니라."(요1서4:19)

내 발로 예수를 찾아간 것도 아니요, 내 자유의지로 예수를 믿게 된 것이 아니다. 우리를 구원하기 위해서 하나님은 자기 아들의 목숨까지 서슴없이 투자하셨다는 것이다. 구원의 주도권은 어디까지나 하나님 편에 있다. 인간의 편에 있는 것이 아니다. 따라서 우리가 예수를 믿고, 구원받게 된 것은 전적으로 하나님의 은혜 안에서 이루어진 것임을 알 수 있다.

복음이 신앙의 선배들에 의해서 우리에게 전해진 것도 은혜이다. 복음이 우리에게 전하여지기까지는 수많은 선배들의 희생이 뒤따랐다. 사도 베드로와 바울을 비롯하여 초대교회 성도들은 복음을 후대에 전하기 위하여 순교를 당하였다. 2천년 기독교 역사에서 신앙의 선배들이 모진 핍박 속에서도 굴하지 않고 복음을 전해주었기 때문에, 바로 그 덕에 우리가 예수를 알게 되었고 구원을 얻게 되었다. 따라서 우리에게 복음을 전해준 신앙의 선배들의 은혜를 잊어서는 안 될 것이다.

복음을 들을 때 받아들이는 것도 하나님의 은혜이다. 아무리 복음을 들어도, 마음이 닫힌 사람은 받아들이지 않는다. 성령께서 우리 마음을 일깨워야 하고 감동시켜야 한다. 그래야 마음 문이 열리고 복음을 받아들이게 된다. 예수 믿을 마음이 내 의지에 따라 또는 자연스럽게 생기는 것도 아니다. 성령의 역사가 없이는 불가능하다. 바울은 고백한다. "……성령의 역사가 아니고서는 누구도 예수를 주님이시다."(고전12:3) '성령 안에'(en pneumati hagio) 머물지 않고는 누구도 예수를 주(主)로 고백할 수 없다는 것이다. 그리스도인에게는 물세례와 성령세례가 따로 있을 수 없다. 예수 이름으로 주어지는 물세례를 받을 때 성령세례가 동시에 주어진다. 예수를 그리스도로 고백하는 사람은 누구나 성령세례를 이미 받은 것이다.

이와 같이 값없이 주시는 하나님의 은혜로 구원을 얻고 감격하던 갈라디아 교인들이었다. 그런데 그들 가운데 바울이 전한 복음을 헌신짝 같이 내버리고, '다른 복음'을 좇아가는 무리가 생겼다. 거짓교사들이 주장하는 '다른 복음'은 무엇인가? 구원받는데, 믿음만으로 부족하다. 선을 행하고, 공덕을 쌓아야 한다. 율법도 행하고, 할례도 받아야 한다. 그래야 구원받을 수 있다고 그들은 주장했던 것 같다. 거짓교사들은 이와 같이 바울이 전한 복음의 불완전함을 제기하고, 믿음 외에도 다른 무엇을 더 보탰을 것이다.

그러나 7절에서 바울은 앞에서 자기가 한 말을 수정한다. 자기가 '다른 복음'이라고 말했는데, 사실 '다른 복음'(heteron euanggelion)이란 있을 수 없다는 것이다. 원래 복음은 하나밖에 있을 수 없다. '다른 복음'이란 단지 복음으로 위장하고 왜곡시킨 것일 뿐 진정한 복음이라는 용어를 붙일 수 없다. 따라서 그것은 "여러분의 마음을 혼란케 하고, 그리스도 복음을 변질시키는 것이다."

그러면 사람들은 어찌하여 '다른 복음'에 미혹되기 쉬운가? 인본주의 때문이다. 일반적으로 자존심(ego)이 강한 사람, 자기 의(義)를 내세우는 사람이 인본주의에 미혹되기 쉽다. 인본주의 신앙의 대표적인 예로 바리새파를 들 수 있다. 바리새파 사람은 성전에 올라가서, 보라는 듯이 서서 다음과 같이 기도하였다. '오 하나님. 감사합니다. 저는 세리와 달리 욕심이 많거나 부정직하거나 음탕하지 않습니다. 저는 일주일에 두 번이나 금식하고 모든 수입의 십분의 일을 바칩니다.' 한편 세리는 멀찍이 서서 감히 하늘을 우러러 보지도 못하고 가슴을 치며 '오 하나님. 죄 많은 저에게 자비를 베풀어 주십시오' 하고 기도하였다. 누구의 기도가 하늘에 용납되었는가? 자기 의를 내세운 바리새파 사람이 아니라 하나님께 자비를 구한 세리의 기도였다는 것이다(눅18:9-14). 자칭

의인(義人)이라고 생각하고, 율법에 순종하는 삶을 산다고 생각한 바리새파를 비롯하여 서기관과 사두개파 사람들은 예수를 따르지 아니하였고 복음을 거부하였다. 오히려 죄인으로 낙인찍힌 사회의 약자들이 예수의 가르침을 받아들이고 그를 따랐다.

8절에서 바울은 단호하게 말한다. "우리는 물론이고 하늘에서 온 천사라 할지라도 우리가 여러분에게 전한 것과 다른 복음을 전한다면, 저주받아 마땅합니다." '저주'로 번역된 헬라어 '아나테마'(*anathema*)는 원래 '천벌'을 뜻한다. 누구를 막론하고 바울이 전한 복음과 다른 무엇을 전하는 사람들이 있다면 천벌을 받게 될 것이라고 말한다.

바울은 원래 도량(度量)이 넓은 사람이었다. "유대 사람들에게는, 내가 유대 사람을 얻으려고, 유대 사람 같이 되었습니다. 율법 아래 있는 사람들에게는, 내가 율법 아래 있지 않으면서도, 율법 아래 있는 사람을 얻으려고, 율법 아래 있는 사람과 같이 되었습니다. 율법이 없이 사는 사람들에게는, 내가 하나님의 율법이 없이 사는 사람이 아니라, 그리스도의 율법 안에서 사는 사람이지만, 율법이 없이 사는 사람을 얻으려고, 율법이 없이 사는 사람과 같이 되었습니다. 믿음이 약한 사람들에게는, 내가 약한 사람들을 얻으려고, 약한 사람이 되었습니다. 나는 모든 사람에게 모든 모양의 인물이 되었습니다. 그것은, 내가 어떻게 해서든지, 그들 가운데서 몇 사람이라도 구원하려는 것입니다."(고전 9:20-22)

바울은 유대인에게는 유대인처럼, 헬라인에게는 헬라인처럼, 지혜인에게는 지혜인처럼, 믿음이 약한 사람 앞에서는 약한 사람처럼 행동하였다. 왜 그랬는가? 바울이 지조가 없거나 우유부단한 성격 때문에 그런 것이 아니다. 단지 그들을 예수 그리스도의 복음으로 인도하여 구원을 얻게 하기 위해서였다. 그렇게 도량이 넓은 바울이었다.

그러나 복음에 관한 한 그는 한 치의 양보도 없었다. "예수 그리스도를 힘입지 않고는 아무도 구원받을 수 없습니다. 사람에게 주신 이름 가운데 우리를 구원할 수 있는 이름은 이 이름밖에는 없습니다."(행 4:12)

요즈음 종교다원주의자(Religious Pluralist)들은 그리스도교를 다른 종교와 수평선상에서 이해한다. 태양을 중심으로 여러 행성들이 회전하듯이, 하나님을 중심으로 여러 종교들이 있다고 생각한다. 기독교도 그 행성들 가운데 하나라는 것이다. 산 정상에 이르는 길이 여럿일 수 있듯이, 하나님과 진리에 도달하는 길도 여럿일 수 있다는 것이다. 그리스도교도 그 여러 길 가운데 하나라고 종교 다원주의자들은 주장한다. 이러한 주장들은 그리스도인들이 열린 신앙과 열린 마음을 가지고, 다른 종교들과 대화하는 자세를 가지도록 하는 데 도움을 준다. 그렇다고 해서 기독교가 자기 정체성(正體性)을 버리거나, 구원관을 상대화시켜서는 곤란하다. 예수 그리스도를 통한 구원이라는 신앙의 절대성이 결여된다면 기독교인의 정체성이 흔들리게 된다.

오늘날처럼 가치관이 실종되고 세속화의 물결이 교회 속까지 깊이 침투되고 있는 상황에서, 바른 복음과 바른 신앙으로 무장하는 것은 필요한 일이 아닐 수 없다. '오직 민음으로만'(sola fide), '오직 은혜로만'(sola gratia), '오직 성서로만'(sola scriptura)이 개혁교회 신앙의 전통이다. 마르틴 루터는 이러한 기치를 내걸고, 중세 가톨릭의 교권주의에 대항하여 그리스도교의 개혁을 성사시켰다. 중세 종교개혁자들의 복음의 본질을 지키기 위한 비타협적인 신앙자세를 우리는 본받아야 할 것이다.

10절에서 바울은 말한다. "내가 지금 사람들의 마음을 기쁘게 하려 하고 있습니까? 하나님의 마음을 기쁘시게 해드리려 하고 있습니까? 아니면, 사람의 환심을 사려하고 있습니까? 내가 아직도 사람의 환심을 사려고 하고 있다면, 나는 그리스도의 종이 아닙니다." 바울은 중요한 문제를 제기하고 있다. 그리스도인은 누구를 기쁘게 하는 삶을 살아야 하는가? 사람인가, 아니면 하나님인가? 누구의 환심을 사려고 해야 하는가? 사람인가 하나님인가?

신앙은 둘 중의 하나를 선택하는 결단행위이다(either A or B). 하나님과 맘몬(세상)을 겸하여 섬길 수 없다. 하나님의 편에 서고, 복음의 편에 서서 산다면, 필연적으로 사람들에게 미움, 오해, 핍박을 받을 수밖에 없다. 그리스도의 종의 본분은 무엇인가? 하나님을 기쁘시게 하고 그분의 환심을 사는 삶을 우선으로 하는 것이다. 하나님 중심, 그리스도 중심, 말씀 중심, 신앙 중심의 삶이야말로 그리스도인이 갖추어야 할 본연의 자세이다.

제 4 강

바울의 소명(召命)

11. 형제자매 여러분, 내가 여러분에게 밝혀드립니다. 내가 전한 그 복음은 사람에게서 비롯된 것이 아닙니다. 12. 그 복음은 내가 사람에게서 받은 것도 아니요, 배운 것도 아니요, 예수 그리스도께서 나타내심으로 받은 것입니다. 13. 내가 전에 유대교에 있을 적에 한 행위가 어떠하였는가를 여러분이 이미 들은 줄 압니다. 나는 하나님의 교회를 몹시 박해하였고, 또 아주 없애버리려고 하였습니다. 14. 나는 내 동족 가운데서, 나와 비슷한 나이의 많은 사람들보다 유대교에서 앞서 있었으며, 내 조상들의 전통을 지키는 일에도 훨씬 더 열성이었습니다. 15. 그러나 나를 모태로부터 따로 세우시고, 은혜로 불러주신 분께서, 16. 그 아들을 이방사람에게 전하게 하시려고, 그 아들을 기꺼이 나에게 나타내 보이셨습니다. 그때에 나는 사람들과 의논하지 않았고, 17. 또 나보다 먼저 사도가 된 사람들을 만나려고 예루살렘으로 올라가지도 않았습니다. 나는 곧 바로 아라비아로 갔다가, 다마스쿠스로 되돌아갔습니다.(1:11-17)

11-12절에서 바울은 그가 전한 복음을 어떤 경로를 통해서 받게 되었는지에 대해서 설명한다. "내가 전한 복음은 사람에게서 비롯된 것도 아니요, 사람에게서 받은 것도 아니요, 배운 것도 아니요, 예수 그리스도께서 나타나심으로 받은 것입니다." 바울이 받아 전한 복음은 사람에 근거한 것이 아니라, 어디까지나 예수 그리스도를 만나는 체험에 근거하고 있음을 고백한다. 바울의 복음은 한마디로 체험의 복음이라고 말할 수 있다.

복음으로 번역된 헬라어 '유앙겔리온'(*euanggelion*)이란 무엇인가? 왕이 고을에 행차할 때 고을 주민들에게 그 소식을 알리거나, 전쟁터에서 애타게 기다리는 승전소식을 일컬어 '유앙겔리온'이라 한다. 바울은 세속적인 개념인 '유앙겔리온'을 예수 그리스도 사건을 설명하는 하나의 도구로 삼았다. 하나님께서 당신의 외아들 예수 그리스도를 이 세상에 보내신 사건이야말로 세상 사람들에게 가장 기쁜 소식이요, 복음이라는 것이다.

그러면 이 복음을 어떻게 접할 수 있는가? 객관적인 방법과 주관적인 방법이 있다. 복음에 대해 지식적으로 아는 것이 객관적 방법이다.

곧 신앙의 선배들로부터 복음을 듣고 배우는 것이다. 그러나 너무 객관적인 지식을 아는 데 만족한다면, 그 복음은 관념적으로 이해하는 데 그치기 쉽다. 제 아무리 성경공부를 많이 하고, 복음에 대한 지식을 쌓는다 하더라도, 객관적인 지식만 가지고는 복음을 바르게 이해하는 데 한계가 있다.

복음에 대해서 객관적으로 아는 것과 더불어 복음에 대한 주관적인 체험 또한 중요하다. 복음이 아무리 좋다는 것을 알고 있다 하더라도, 그 복음이 나와 관계가 없는 것이라면 그림의 떡에 불과할 것이다. 복음을 만나기 이전과 이후에 내 삶이 과연 어떻게 변화되었는가? 삶 속에서 복음을 체험하고 복음을 통해서 내 삶을 변화시키는 것이 중요하다. 삶의 변화와 무관한 복음이라면, 그것은 죽은 복음이다.

그러나 복음의 주관적 체험에 지나치게 집착하거나 그것에 빠져버려도 문제이다. 주관적인 체험에 너무 집착하면 나 아닌 다른 체험을 한 사람들에 대해서 무시하거나 독선에 빠지기 쉽고 오만해지기 쉽다.

신앙생활에 있어서는 항상 주관과 객관이 균형(balance)을 이루는 것이 중요하다. 하나님 말씀에 대한 객관적인 지식과 주관적인 신앙체험이 균형과 조화를 이루어야 한다. 한쪽에 치우치거나, 다른 한쪽을 일방적으로 강조하게 되면 반드시 문제가 생긴다. 신앙생활에서 잊어서는 안 될 것은 냉철한 이성(머리)과 따뜻한 감성(가슴) 사이의 균형과 조화이다.

바울이 전한 복음의 출처가 어디인가? 그것은 사람에게서 비롯된 것도 아니요, 받은 것도 아니요, 배운 것도 아니라고 한다. 바울은 자기가 알게 된 복음의 인간적인 출처를 부인한다. 복음은 인간적인 차원을 넘어서, 어디까지나 "예수 그리스도의 계시를 통하여"(*di apokalypseos Jesu Christou*) 주어진다는 것이다. 바울은 예수 그리스도가 '직접'(direct) 자기에게 나타나심으로 복음이 주어졌다고 한다. 복음과 진리는 직접적인 계시를 통해서만 얻어질 수 있다는 것이다.

13-14절에서 바울은 복음을 접하기 전(前), 유대교에 있을 때의 삶을 말한다. 그는 동시대의 어느 누구보다도 율법에 충실한 삶을 살았다. 율법에는 두 가지가 있다. 성문(成文)율법과 구전(口傳)율법이 그것이다. 성문율법은 문자화된 모세 5경을 지칭한다. 구전율법은 할라카(Halacha)로 불리는데, 그것은 조상들의 입에서 입으로 전승된 불문(不文)율법을 말한다. 사두개파 사람들은 모세 5경만을 율법으로 받아들였는데, 바리새파 사람들은 성문율법 못지 않게 구전율법에도 권위를 부여하였다. 바울은 할라카, 곧 조상들의 '전승'(paradosis)을 지키는 일에도 열심이었다.

유대교 율법에 대한 바울의 열성은 그의 그리스도인에 대한 핍박에서도 나타난다. "나는 하나님의 교회를 박해하였고, 아주 없애버리려고 하였습니다." 왜 그랬는가? 그리스도인들은 안식일법을 비롯하여 유대교 율법을 지키지도 아니하였을 뿐만 아니라, 율법 무용론을 주장하였기 때문이다. 율법주의자 바울이 그리스도교를 박해한 연유는 다른 데 있지 않다. 바울이 생명처럼 여겼던 구원의 길인 율법에 대한 충성심에서다.

15절에서 바울은 자기가 받은 소명에 대해서 설명한다. "나를 모태로부터 따로 세우시고, 은혜로 불러주신 분께서," 소명에는 두 가지 단계가 있음을 본문에서 볼 수 있다. 첫 단계는 무엇인가? '내 모태로부터'(ek koilias meter mou) 따로 세우는 단계이다. 무슨 뜻인가? '내가 태어나기 전부터', 곧 '만세 전부터' '나를 따로 세우셨다'는 것이다. 개역성경에 '택정(擇定)했다'고 번역된 '아포리사스'는 불경한 것에서 따로 떼어 내어 '거룩하게 만든 상태'를 말한다. 하나님은 어머니의 태중에 있을 때부터 나를 따로 떼어내어 성결케 해 놓으셨다는 것이다. 이것이 소명의 첫 단계이다. 이 구절에 근거하여 요한 칼빈은 예정론을 주장하였다.

소명의 다음 단계는 무엇인가? '은혜로 불러주시는'(*dia tes charitos autou*) 단계이다. 소명을 인지하고 깨닫는 각성의 단계이다. 바울은 다마스쿠스로 가는 길목에서 부활의 주를 만난다. "사울아! 당신은 누구입니까? 나는 네가 핍박하는 예수다. ……너는 내가 이방인을 위해 세운 내 그릇이다."(행9:1-15) 바울이 부활의 주로부터 이방인의 사도로 부름을 받은 것, 이것이 소명의 두 번째 단계이다. 태초에 따로 떼어 내어 성결함을 받는 것이 첫 번째 단계라면, 그리스도로부터 부름을 받는 것이 두 번째 단계이다.

'어머니의 태로부터 나를 따로 떼어놓으셨다'는 말은 무슨 뜻인가? 우리가 세상에 태어나기도 전에, 하나님께서 나를 미리 점찍어 놓으셨다는 고백이다. 우리가 예수를 믿는다는 것은 결코 우연이 아니다. 하찮은 일도 아니다. 거기에는 하나님의 엄청난 경륜과 섭리가 들어있다. 그리스도인은 이러한 자의식을 갖고 신앙생활을 하지 않으면 안 된다. 프로이드(S.Freud)는 인간이 인지할 수 없는 무의식 차원이 있음을 말했고, 인간의 의식은 바로 이 무의식의 차원에 의해서 조종된다고 보았다. 어머니의 태는 곧 무의식의 차원을 말한다.

그러면 바울의 생애에 나타난 하나님의 경륜은 어떠한 것인가? 바울은 디아스포라 유대인이었기 때문에 히브리어와 헬라어에 능통했다. 히브리 문화와 헬라문화에도 다 익숙하였다. 그는 가말리엘 밑에서 율법수업을 받아 율법에도 능통했을 뿐만 아니라, 헬라철학에 대해서도 해박한 지식을 가지고 있었다. 바울은 그리스도인을 핍박하는 데 앞장선 전력(前歷)도 가지고 있었다.

다마스쿠스로 가는 길목에서 부활한 예수에 의해서 부름을 받고 보니, 바울은 그가 걸어왔던 생애 전체가 소명의 과정이요, 하나님의 경륜 속에서 진행되었음을 깨닫게 되었다. 우리가 태어나서 지금까지 살아온 것은 결코 우연이 아니다. 우리의 전 생애 속에 하나님의 뜻과 경륜이 배어있다. 왜 사업에 실패했는가? 왜 까닭 없는 시련이 연속되는가? 어려운 일을 당할 때 원망하고 불평만 할 일이 아니다. 역경과 시련 속에서 하나님의 부름을 발견하고, 환난 가운데서 나를 향한 하나님의 계획과 경륜이 무엇인가를 알아채야 한다.

하나님의 교회를 그토록 핍박하던 바울이었다. 그런데 그가 하나님의 사도로 부름을 받았다. 그 감격을 바울은 하나님의 은혜로 생각했다. 예수를 믿고 난 후, 바울은 자기 생애를 뒤돌아보면서 다음과 같이 고백한다. "그러나 나는 하나님의 은혜로 오늘의 내가 되었습니다. 나에게 베푸신 하나님의 은혜는 헛되지 않았습니다. 나는 사도들 어느 누구보다도 더 많이 수고하였습니다. 그러나 내가 이렇게 한 것이 아니라, 내가 늘 입고 있는 하나님의 은혜가 한 것입니다."(고전15:10)

오늘의 내가 나 된 것은 내가 자격이 있어서도 아니고, 노력의 대가도 아니다. 그리스도인은 '오늘의 나 됨'을 전적으로 하나님의 은혜로 돌린다. 내가 계획하고, 수고하고, 애쓰는 것도 하나님의 은혜이다. 나(我)라는 것, 내 것이라는 것(我所), 내가 가지고 있는 고집(我執)이라는 아상(我相)이라 할 만한 것이 사실은 없다는 것을 깨달아야 한다. 나를 내려놓고 내 생애 전체가 하나님께서 거저 주시는 은혜임을 깨닫고 신앙생활을 해야 한다. 그러할 때 우리는 어떤 형편에서든지 감사생활을 잃지 않을 수 있을 것이다.

16절 후반 절에서 바울은 하나님께서 "그 아들을 내게 기꺼이 계시하셨다"고 한다. 계시의 직접적인 체험을 강조한다. 하나님과의 만남은 간접적일 수 없다. 직접 만나는 체험이 중요하다. 그러나 계시의 체험은 다양한 모양으로 나타난다. 자기의 주관적인 체험을 절대화하거나 다른 사람에게 일방적으로 강요해서는 안 된다. 설교는 계시체험의 한 방편이다. 인간의 언어를 빌려 선포된 하나님의 말씀이 설교이다. 따라서 우리는 설교를 통해서 하나님의 말씀을 만나야 한다(R.Bultmann). 어떻게 설교를 통해서 하나님의 말씀을 만나는가? 오직 성령의 역사를 통해서이다. 따라서 설교자는 성령의 역사를 간절히 구하는 자세로 설교를 준비해야 한다.

제 5 강
바울과 예루살렘 교회

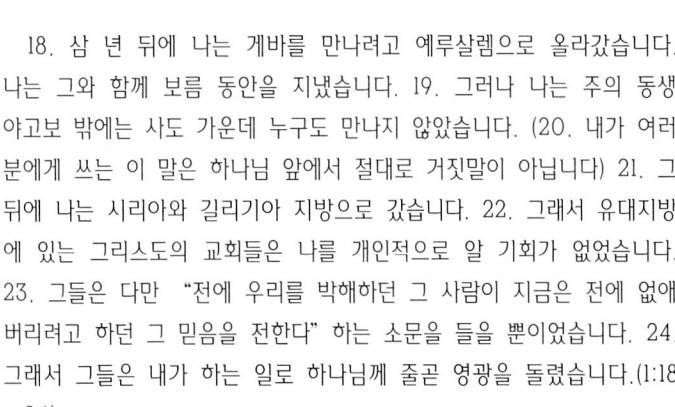

18. 삼 년 뒤에 나는 게바를 만나려고 예루살렘으로 올라갔습니다. 나는 그와 함께 보름 동안을 지냈습니다. 19. 그러나 나는 주의 동생 야고보 밖에는 사도 가운데 누구도 만나지 않았습니다. (20. 내가 여러분에게 쓰는 이 말은 하나님 앞에서 절대로 거짓말이 아닙니다) 21. 그 뒤에 나는 시리아와 길리기아 지방으로 갔습니다. 22. 그래서 유대지방에 있는 그리스도의 교회들은 나를 개인적으로 알 기회가 없었습니다. 23. 그들은 다만 "전에 우리를 박해하던 그 사람이 지금은 전에 없애 버리려고 하던 그 믿음을 전한다" 하는 소문을 들을 뿐이었습니다. 24. 그래서 그들은 내가 하는 일로 하나님께 줄곧 영광을 돌렸습니다.(1:18 -24)

　기독교 역사에서 가장 중요한 사건 둘을 들라면 "예수의 십자가 사
건"과 "바울의 회심사건"을 들 수 있을 것이다. 다마스쿠스로 가는 길
목에서 바울이 회심한 사건은 한 개인의 삶에 있어서 전환점이 되었을
뿐만 아니라, 그 이후 기독교를 지역종교에서 세계종교로 발돋움 할 수
있는 토대를 놓는데 있어서 중요한 사건이었다.

　바울은 다마스쿠스에서 부활의 주님을 만난 후로, 생의 마지막 순간
까지 그 당시의 감격을 잃지 않고 살았다. 그는 오직 신앙의 외길 인
생을 걸어왔다. 바울은 로마에서 순교 직전에 디모데에게 보낸 편지에
서 다음과 같이 술회하고 있다. "……나는 선한 싸움을 다 싸우고, 달
려갈 길을 마치고, 믿음을 지켰습니다. 이제는 나를 위하여, 의의 면류
관이 마련되어 있으므로, ……"(딤후4:6-8). 여기에서 바울은 신앙생활
을 '선한 싸움'과 '달려갈 길'로 비유한다. 신앙은 사탄, 불의, 부정, 부
패와의 싸움이며 동시에 삶의 궁극적인 목표이다. 예수를 믿고 난 후,
바울은 그만큼 치열하고 험난한 생애를 살았음을 알 수 있다.

　바울은 다마스쿠스로 가는 길에서 은혜체험을 한 후, 곧 바로 아라
비아로 가서, 3년 동안 머문다. 이 기간 동안 그가 무엇을 했는가에 대

해서 성경은 침묵을 지킨다. 아마도 바울은 자기 자신을 돌아보고, 하나님 말씀의 빛에서 자기가 체험한 은혜를 깊이 명상하는 시간을 가졌을 것이다. 바울은 은혜를 받았다고 해서, 곧장 거리로 뛰쳐나간 것이 아니다. 자기 자신을 갈고 닦는 영성 수련 기간을 갖는다. 이 기간을 통하여 바울은 지금까지 살아왔던 자기를 벗어버리고, 그리스도 안에서 다시 태어나는 과정을 체험했을 것이다. 오늘의 언어를 빌리면, 3년 동안 신학공부를 하고 영성 수련 기간을 가진 것이다. 은혜를 체험했다고 해서, 곧장 거리로 뛰어나가서는 안 된다. 그것을 신앙 안에서 소화할 기간이 필요하다. 하나님의 말씀을 익히고 연구하여 그것이 자기 몸에 배이게 할 기간이 필요하다. 조용히 기도하고 정진하는 가운데 하나님의 세미한 음성을 듣는 훈련이 필요하다.

기도는 무엇인가? 하나님과의 대화이다. 대화에는 상대방이 있기 마련이다. 상대방에게 말을 하고, 말을 들어야 비로소 소통이 된다. 일방적으로 내 말만 하고 끝낸다면, 그것은 독백일 뿐이지 대화는 아니다. 우리는 기도한다고 하면서 독백만 하고, 끝내는 경우가 많다. 조용한 가운데서 하나님의 음성을 들을 수 있는 단계까지 가야 참된 기도라고 말할 수 있다. 통성기도가 신앙을 성숙케 하는 데 유익할 때가 있다. 그러나 때와 장소를 분별할 줄 알아야 한다. 무조건 고함치며 큰 소리로 기도해야만 하나님께서 들어주신다고 생각하는 사람이 있다면 잘못이다. 고함치고 삿대질하며 요구한다고 해서, 자식의 말을 다 들어주는 아버지가 있는가? 하물며 하나님 아버지와 대화할 때는 더욱 그래서는 안 된다. 하나님을 자기가 원하는 것은 무엇이나 들어주는 수단 정도로 생각하면 착각이다. 조용한 가운데서 하나님의 뜻을 헤아리는 수련 기간이 필요하다.

아라비아 3년의 영성훈련 기간을 마치고, 바울은 다시 다마스쿠스로 간다. 처음 예수를 만난 후, 너무 기뻐서 복음을 전도하다가 실패한 곳이다. 예수를 박해하던 사람이, 어느 날 갑자기 태도를 돌변하여, 복음을 전파하고 다녔으니, 그의 행동을 액면 그대로 받아들일 사람이 하나도 없었을 것이다. 이제 바울은 3년이라는 충분한 준비기간을 가진 연후에, 다시 그곳으로 간다. 원점으로 돌아가, 다시 시작한 것이다. 다마스쿠스 사람들은 바울의 변화된 모습과 그의 설교에 감동을 받고 복음으로 돌아온다. 선교에 실패했을 때, 반성 기간을 가진 다음, 원점으로 돌아가 다시 시작하는 바울의 자세가 우리에게 필요하다.

다음으로 바울은 어디로 갔는가? 예루살렘이다. 그리스도께서 죽으신 곳이요, 예루살렘 모(母)교회가 있는 장소이다. 바울은 부활의 그리스도를 만나, 그로부터 직접 복음을 받았다. 바울이 그리스도를 만났다면, 베드로와 야고보도 역시 그러하였다. 바울은 자신의 그리스도 체험을 절대화하지 않는다. 다른 사도들의 은혜체험도 존중한다. 내 은혜체험이 소중하다면, 상대방의 그것 또한 소중한 것이다. 그래서 바울은 복음 안에서 상대방을 인정하고, 그와 협력하면서 연합으로 복음사업을 하려고 한다. 상호 인정이 전제되어야 진정한 연합이 가능하다. 예루살렘으로 올라간 바울은 그곳에 있는 교회 지도자들을 만나 연합 사업을 제안한다. 바울의 이러한 열린 신앙자세는 개교회 중심의 한국교회에게 중요한 메시지를 전해준다.

한국교회의 실태는 어떠한가? 선교를 해도 내 교회가 해야 되고, 예수를 믿어도, 내 교회에서 믿어야 한다. 성장을 해도 내 교회가 해야 한다. 한국교회는 자신도 모르는 사이에 교회의 양적 성장이라는 허상에 사로잡혀 예수를 믿는다. '내 교회 성장' 자체가 신앙생활의 목적이 된다. 교회의 양적인 성장을 위해서는 수단방법을 가리지 않는다. 그러니 교회 사이에 교인 쟁탈전이 치열하고 교회 사이의 갈등의 골이 깊어진다. 자본주의 시장경쟁 논리가 교회 안에서 그대로 통용되고 있는 것이다. 대형교회와 약한 교회, 도시교회와 시골교회 사이에 빈익빈 부익부 현상과 단절이 한국만큼 뚜렷한 나라도 찾아보기 힘들다.

모든 생명체는 성장해야 한다. 그러나 성장에는 한계가 있기 마련이다. 하나의 생명체가 지나치게 성장하면, 반드시 다른 생명체가 영양실조에 걸리게 되어 있다. 성장이 멈추어야 성숙하고 열매 맺을 수 있다. 이것이 하나님께서 만드신 세계의 창조질서이다. 이를 무시하고 무한성장을 지향한다면 어떻게 될 것인가? 암(癌)세포처럼 된다. 암세포는 다른 세포를 모두 잡아먹고, 결국은 자기도 죽게 된다. 자기 교회 성장만 생각할 때가 아니다. 한국교회라는 전체의 틀에서 개 교회의 위치와 존재 이유를 생각해야 한다. 개체 교회 사이의 균형과 전체 교회와의 조화로움을 먼저 생각해야 한다.

"3년 후 예루살렘에 올라가 게바와 함께 보름을 지내는 동안" 바울은 주의 형제 야고보 외에는 누구도 만나지 아니하였고 한다. '게바'(*Gepha*)는 바위를 뜻하는 아람어인데, 헬라어 번역하면 '베드로'(*Petra*)이다. 시몬이 예수로부터 부름을 받았을 때 게바라는 이름을 하사(下賜)받게 된다(마16:16-19).

게바는 예수의 수제자로서, 부활하신 주를 본 첫 번째 사람이고(고전15:5; 눅24:34), 예루살렘 교회의 제1인자이며(갈1:18; 행1:15), 네로 황제 시대에 순교를 당했다(요21:18-19; 베후1:14; 1클레멘스서5:1-7). '주의 형제 야고보'는 누구인가? 그는 예수 생전에 자기 형을 따르지 아니하였으나(막3:21; 31-35), 부활한 주를 만나 개종하였으며(고전15:7), 예루살렘 교회의 일원이 되었고(행1:14), 곧 최고 지도자 자리에까지 올랐다(갈2:1-10). 야고보는 A.D.62년에 예루살렘에서 순교를 당한 것으로 추정된다(Josephus, Ant 20,200).

본문에서 바울은 예루살렘 교회의 상징적 두 인물만 만났음을 강조한다. 그 사실이 결코 거짓이 아니었음을 하나님을 두고 맹세하기까지 한다. 왜 그랬을까? 갈라디아교회에 들어와서 바울의 사도권에 문제를 제기하며 '다른 복음'을 전하는 거짓 교사들이 아마도 게바와 야고보의 권위를 내세워 그리하였을 것이다. 적대자들의 주장을 반박하면서 바울은 예루살렘 교회 대표들과의 사적인 만남을 은연중 강조함으로써 자신의 사도권을 옹호한다.

그 후 바울은 곧장 시리아와 길리기아로 간다. 시리아는 이방 교회의 선교센터에 해당하는 안디옥교회가 있는 곳이다. 길리기아는 바울의 고향 다르소가 있는 지역이기도 하다. 바울의 부모를 비롯하여 일가친척들이 살고 있는 곳이다. 바울은 제일 먼저 누구를 복음 전도의 대상으로 삼았는가? 인척들이다. 그래서 먼저 고향으로 갔고, 그들을 복음으로 인도했다. 기쁜 소식은 가장 가까운 사람과 먼저 나누는 것이 인지상정이다. 그 후 바울은 이방인 선교에 매진하였다.

이방 사도로 부름받은 바울은 유대인 선교에는 무관심했는가? 그렇지 않다. 자기 동족인 유대인에 대한 바울의 선교적 열정은 로마서에 잘 나타나 있다. "나는 육신으로, 내 동족 내 겨레를 위하는 일이라면, 내가 저주를 받아 그리스도에게서 끊어지는 한이 있다 하더라도, 원망하지 않겠습니다."(롬9:3) 이방인의 사도로 부름받았기에 바울은 팔레스티나 본토 유대계 그리스도인에게는 별로 알려지지 않은 인물이었다. 그들은 다만 바울에 대하여, "전에 우리를 박해하던 그 사람이, 지금은 전에 없애려고 하던 그 신앙(pistis)을 전파한다"고 하는 소문을 들었던 것 같다. 유대 지역의 교회들은 바울의 이러한 회심을 하나님의 역사로 받아들이고, 복음의 박해자가 복음의 전도자로 변했다는 그 소문을 듣고 하나님께 영광을 돌린다.

어떻게 해야 좋은 소문이 나는가? 우리 자신이 그리스도를 통해서 변해야 한다. 말이 변하고, 행동이 변하고, 생활이 변해야 한다. 신앙을 갖기 전이나 지금이나, 생각, 말, 행동에 변화된 것이 없다면 그리고 10년 전의 신앙생활이나 지금이나 별반 변한 것이 없다면 그것은 문제가 있는 신앙이다. "누구든지 그리스도 안에 있으면, 새로운 피조물입니다. 옛 것은 지나갔습니다. 보십시오, 새 것이 되었습니다."(고후 5:16) 그리스도 교인은 날마다 '새로운 존재'(New Being)로 태어나야 한다. 우리의 변한 모습을 보고, 불신자들이 감동하여 예수 믿을 마음이 저절로 우러나오도록 해야 한다. 우리의 소문을 듣고 사람들이 하나님께 영광을 돌리는 삶을 살아야 할 것이다.

제 6 강

진리와 자유의 복음

1. 그 뒤에 십 사년이 지나서, 나는 바나바와 함께 디도를 데리고, 다시 예루살렘으로 올라갔습니다. 2. 내가 그리로 올라간 것은 계시를 따른 것이었습니다. 나는 이방 사람들에게 전하는 복음을 그들에게 설명하고, 유명한 사람들에게는 따로 설명하였습니다. 그것은 내가 달리고 있는 일이나 지금까지 달린 일이 헛되지 않게 하려고 한 것입니다. 3. 나와 함께 있던 디도는 그리스 사람이지만, 할례를 강요받지 않았습니다. 4. 몰래 들어온 거짓 신도들 때문에 할례를 강요받는 일이 있었던 것입니다. 그들은 우리를 노예로 만들고자 하여, 그리스도 예수 안에서 누리는 우리의 자유를 엿보려고 몰래 끼어든 자들입니다. 5. 우리는 그들에게 잠시도 굴복하지 않았습니다. 그것은, 복음의 진리가 언제나 여러분과 함께 있게 하려고 한 것입니다.(갈2:1-5)

　첫 번째 방문 후 14년이 지난 다음, 바울은 바나바와 함께 디도를 대동하고 다시 예루살렘에 올라간다. 이유인즉 바울이 이방인에게 전하는 복음에 대하여 예루살렘 교회 측에게 설명하기 위함이었다. 이러한 바울의 행위는 하나님의 '계시'에 따른 것이었다고 증언한다.

　본문은 초창기 기독교 역사에서 있었던 중요한 하나의 사건을 암시하고 있다. A.D.48 / 49년 예루살렘에서 기독교 사상 최초로 "에큐메니칼 공(公)의회"(ecumenical Conference)가 개최되었다. 이때 예루살렘 교회 측 대표와 안디옥교회 측의 지도자들이 한자리에 모여 이방인을 위한 선교전략과 방법에 대해서 심도 있게 의견을 나누었다.(이에 대해서는 사도행전 15장에 자세히 기록되어 있다)

　이방 교회들이 어떻게 생겨나게 되었는가? 스데반이 순교당한 후(A.D.32년경) 유대교 당국에 의하여 대대적인 박해 선풍이 몰아닥치자, 예루살렘에 머물던 디아스포라계의 그리스도인들은 이를 피하여 각기 자기가 살던 이방지역으로 돌아갔다. 그들은 그곳에서 복음을 전하며 하나님의 교회를 세웠다. 바울이 이방 선교를 하기 전에 이미 이방지역에 자생적(自生的)으로 교회가 설립된 흔적을 찾아볼 수 있는데, 안디옥교회와 로마교회가 대표적이다.

안디옥교회도 예루살렘에서 피신해온 디아스포라 그리스도인들에 의해서 설립되었다. 그들이 안디옥에서 복음을 전파하자 많은 이방인들이 개종을 하여 교인 수가 증가하게 되었다. 그러자 안디옥교회는 전문 목회자를 필요로 하게 되었고, 예루살렘 교회 측에 정식으로 선교사 파송을 요청하였다. 예루살렘 교회는 디아스포파 계열의 7집사 가운데 하나인 바나바를 안디옥에 파송하였다. "그리스도인"(Christian)이라는 명칭은 안디옥교회 교인들(제자)에게 붙여진 최초의 이름이다(행11:26). 그리스도인(크리스천)의 명칭은 이방 그리스도인에게 최초로 붙여진 것이다. 예루살렘 교회 교인들은 '나사렛 종파'(Nazarener)라 불리었다.

바나바는 누구인가? 키프러스(Cyprus) 출신의 경건한 디아스포라 유대인으로서 원래 이름은 요셉이었다. 그는 부유한 거상(巨商)으로서 예루살렘으로 이주한 후 복음을 접하게 되었고, 자기 재산을 모두 팔아 예루살렘 교회에 헌납할 정도로 신앙심이 깊었다. '위로의 아들'이라는 뜻을 지닌 바나바는 사도들이 부쳐준 이름이다(행4:36-37). 그는 제2차 선교여행 때 바울과 의견 충돌을 빚었고, 그 이후 별도로 선교여행을 떠났다.

바울이 함께 데리고 한 디도는 누구인가? 헬라 사람이다. 그는 바울의 설교를 듣고 그리스도교로 개종하였고(딛1:4), 그 이후로 바울의 충직한 선교 동역자로 활동하였다. 그는 조직력이 뛰어나 예루살렘 교회의 가난한 성도들을 위한 바울의 모금사업에 큰 역할을 하였다(고후8:1-6).

안디옥교회의 담임목회자로 부름받은 바나바는 성도 수가 점점 늘어나게 되자 자기 혼자 감당하기에는 힘들다고 판단했던 것 같다. 그는 당시 길리기아의 다르소에서 복음을 전파하고 있던 바울을 찾아가 공동목회를 제안하였고 이를 바울이 수락하였다. 바나바와 바울의 공동목회는 성령의 역사로 부흥에 부흥을 거듭하였고, 안디옥교회는 명실 공히 이방 그리스도교의 중심으로 자리 잡아갔다. 바울은 후에 안디옥교회의 재정적인 지원을 받아 지중해 연안을 중심으로 3차에 걸친 선교여행을 할 수 있었다(행11:19-26).

이방 선교가 많은 열매를 맺게 되어, 이방인 가운데 그리스도교인들의 수가 늘어나게 되자, 예루살렘 교회 측과 마찰이 생기게 되었다. 예루살렘의 유대인 그리스도인들은 예수를 믿어도 "모세의 관례대로 할례를 받지 않으면 구원받을 수 없다"는 입장을 취하였고(행15:1), 그리스도교로 개종한 이방인에게도 이를 강요하기에 이르렀다. 안디옥교회는 이 문제를 해결하기 위해서 바울과 바나바를 예루살렘 교회에 파송하였고, A.D.48 / 49년에 예루살렘에서 에큐메니칼 공의회(ecumenical Council)가 소집되었던 것이다. 예루살렘교회 대표와 안디옥교회 대표가 예루살렘에 모여 개최한 이 공의회는 그리스도교 역사에서 최초의 에큐메니칼 공의회 성격을 띤다.

하나님은 인류를 구원하기 위하여 유대민족을 택하였고 자기 백성으로 삼았다. 복음의 내용은 무엇인가? 하나님께서 자기 외아들을 세상에 보내셨다는 것이다. 인류를 구원하기 위해서이다. 그가 다름 아닌 나사렛 예수이다. 예수는 유대인의 한 사람으로 태어나 유대인의 문화전통 속에서 성장하였다. 그는 어려서부터 유대인의 율법을 잘 지켰고 유대교에 의해서 제정된 절기에 따라 정기적으로 예루살렘 성전을 순례하였다.

30세쯤 되었을 때 출가한 예수께서 갈릴리를 중심으로 하나님 나라 선교를 펼쳤다. 일차적 대상은 어디까지나 이스라엘 집의 잃어버린 양들, 곧 이스라엘 사회의 중심부에서 소외된 변두리 사람들, 곧 사회적 약자들이었음을 알 수 있다(마10:5).

'복음'의 본질과 내용은 절대적인 성격을 띤다. 그러나 그 복음이 나타나는 역사적 형식은 상대적일 수 있다. 복음이 구체화되어 그 모습을 드러낼 때에는 반드시 토착화 과정을 거치게 되어 있다. 하나님의 아들 예수 그리스도가 유대인으로 태어났다는 것은 복음이 특정한 '유대 문화'라는 옷을 걸치고 나타났다는 것을 의미한다. 어떻게 유대 문화의 그릇에 담겨 나타난 복음을 헬라 문화권 속에 살고 있는 이방인들에게 전달할 수 있는가? 이방 선교의 현실에서 바울은 이러한 복음의 토착화 문제를 가지고 씨름하였다.

바울은 복음의 내용과 그것을 담고 있는 그릇을 구분하였다. 복음은 하나이지만, 그것을 담는 그릇은 여럿일 수 있다. 따라서 바울은 복음과 유대 문화를 동일시하기를 거부하였다. 유대 문화도 복음 자체일 수 없고, 단지 그것을 담고 있는 그릇 가운데 하나일 뿐이다. 이방 선교를 위해서, 바울은 복음을 헬라 문화라는 또 다른 그릇에 담을 필요가 있었다. 그는 이방인의 문화와 관습을 고려하고, 그들에게 친근한 이방 언어와 철학사상을 동원하여 복음을 설명하지 않으면 안 되었던 것이다. 바울에게는 선교가 최상의 가치였다. 이를 위하여 그는 유대인에게는 유대인이 되고, 헬라인에게는 헬라인이 되기를 주저하지 않았다(고전9:19−22).

그러나 유대계 그리스도인들은 '복음'과 '유대 문화'를 동일시했다. 그들은 하나님의 아들이 유대인으로 오신 것과 율법이 그들에게 주어진 것에 대한 우월감에 사로잡혔다. 그들은 예수 믿고 구원받으려면, 누구를 막론하고 '먼저 유대인이 되라'고 강요했다. 곧 '할례'와 '율법'을 구원의 조건으로 내세웠던 것이다. 유대계 그리스도인들은 '복음'과 '율법'을 동일시했던 것이다.

이와 같이 복음의 유대화에 저항하여 바울은 투쟁하지 않으면 안 되었다. 바울이 전한 복음이 유대계 그리스도인들에 의해서 문제시되고 있음을 볼 수 있다(2절). 이를 해명하기 위하여 바울은 예루살렘으로 올라갔다. '이방계 그리스도인들은 여러분과 다른 스타일로 신앙생활을 하지만, 그들 역시 동일한 예수를 믿습니다.' 라고 바울은 강조한다. 예루살렘 교회 지도자들을 설득하는 데 실패한다면, 이방 선교가 위기에 봉착할 수밖에 없다는 사실을 그는 누구보다도 잘 알고 있었던 것 같다.

바울은 예루살렘 공의회(公議會)에 참석하면서 디도를 데리고 간다. 디도의 부모는 모두 헬라 사람이었다. 디도는 할례를 받지 않았지만, 복음을 받아들여 그리스도인이 되었다. 그는 바울의 동역자(同役者)가 되어 복음 전파에 열심을 다했다. 바울은 할례 받지 않고도 그리스도인이 된 살아있는 증거로써 디도를 데리고 예루살렘으로 올라갔던 것이다. 그리스도인이 되는 데 있어서 할례는 절대 조건이 될 수 없다는 사실을 드러내기 위해서였다.

3절에서 유대계 그리스도인들은 디도가 할례 받아야 한다고 주장하였다. 그가 할례를 받고 유대인이 먼저 되지 않는 한 그리스도의 형제로 받아들일 수 없다는 입장을 분명히 하였다. 한걸음 더 나아가 그들은 유대인의 절기와 관습을 준수할 것을 요구하였다. 그들을 겨냥하여 바울은 "거짓 형제"(pseudo-adelphos)라고 공박한다. 율법을 지키고 그 공덕으로 구원을 받는 것이라면 예수의 십자가의 의미는 사라지고, '자기 의(義)'만 남게 된다. 업적 신앙은 사람을 교만하게 만든다.

율법주의 신앙에 매어있는 사람들을 향하여 바울은 "우리를 노예로 삼고자 하여, 그리스도 예수 안에서 얻은 자유를 엿보려고, 몰래 들어온 자들"이라고 비판한다. 바울은 그리스도인의 정체성을 그리스도 예수 안에서 얻은 '자유'(eleutheria)에서 찾는다. 무엇으로부터 자유를 얻었는가? 죄와 사망으로부터의 자유를 얻었고, 율법과 행함으로부터의 자유를 얻었다. 업적과 공로와 내 의로부터의 자유를 얻은 존재가 그리스도인이다.

바울은 그들에게 "잠시도 굴복하지 않았음"을 강조한다. "복음의 진리"(*he aletheia tou euanggeliou*)를 위해서였다. 복음의 진리의 핵은 무엇인가? 자유이다. 복음의 자유는 어떻게 주어지는가? 율법이나 내 의로움이 아니라, 십자가의 말씀을 통해서 주어진다.

제 7 강
예루살렘 교회의 세 기둥

6. 그 유명하다는 사람들로부터 나는 아무런 제안도 받지 않았습니다. [그들이 어떤 사람들이든지, 나에게는 아무 상관이 없습니다. 하나님은 사람들을 겉모양으로 판단하지 않으십니다.] 그 유명한 사람들은 나에게 아무런 제안을 하지 않았습니다. 7. 도리어 그들은 베드로가 할례받은 사람에게 복음을 전하는 일을 맡은 것과 같이, 내가 할례받지 않은 사람에게 복음을 전하는 일을 맡은 것을 알게 되었습니다. 8. 그들은 베드로에게는 할례받은 사람에게 복음을 전하게 하시려고 사도직분을 주신 분이, 나에게는 할례받지 않은 사람에게 복음을 전하게 하시려고 사도직분을 주셨다는 사실을 깨달았습니다. 9. 그래서 기둥으로 인정받은 야고보와 게바와 요한은, 하나님께서 나에게 주신 은혜를 인정하고, 나와 바나바에게 오른 손을 내밀어서, 친교의 악수를 하였습니다. 그렇게 하여, 우리는 이방 사람에게로 가고, 그들은 할례받은 사람에게 가기로 하였습니다. 10. 다만, 그들이 우리에게 요구한 것은 가난한 사람을 기억해 달라고 한 것인데, 그것은 바로 내가 마음을 다하여 해 오던 일입니다.(갈2:6-10)

　신앙에는 수직적 차원과 수평적 차원이 있다. 신앙의 수직적 차원은 나와 하나님 사이의 관계요, 수평적 차원은 나와 이웃 사이의 관계이다. 나와 하나님 사이의 수직적 관계가 바로 되고, 나와 이웃 사이의 수평적 관계가 바로 되어야 바른 신앙이라고 할 수 있다. 수직적 관계에만 치중하고, 수평적인 관계를 소홀히 한다거나, 이와 반대로 수평적인 관계에만 열심을 내고, 수직적인 관계를 소홀히 한다면 균형잡힌 건강한 신앙이라고 볼 수 없다. 예수께서 가르친 최고의 계명은 무엇인가? '하나님 사랑'과 '이웃 사랑'으로 요약된다(막12:28 – 34). 신앙생활에 있어서 이 두 차원은 언제나 균형과 조화를 이루어야 한다,

　바울의 경우 신앙생활의 수직적 차원과 수평적 차원이 균형을 이루고 있음을 볼 수 있다. 그는 복음과 진리 문제에 관한 한, 그 어떠한 타협도 거부하였다. 진리와 복음에 대한 비타협성을 바울은 일관되게 주장하고 있다. 그러나 그 외의 문제에 대해서 그는 항상 타협과 양보할 준비가 되어 있었다.

　그리스도인의 결혼관을 예로 들어보자. 그리스도인은 될수록 혼자 사는 것이 유익하다고 한다. 그러나 혼인하고 싶으면 굳이 말리지는 않겠

다고 한다(고전7:1－7). 이방인의 제상(祭床)에 올린 고기 먹는 문제에 대해서도 마찬가지다. 그리스도인에게는 원래 유일신을 믿고 있기 때문에 우상이란 존재하지 않는다. 제상에 올렸다고 해서 우상제물일 수 없다. 그것은 단지 식물에 불과하다. 그러니 그것을 먹는다 해도 신앙에 해로운 것은 없다. 그러나 나의 이러한 자유행사가 믿음이 약한 성도들의 믿음을 혼란스럽게 한다면 바울은 그것을 결코 입에 대지 않겠다고 한다(고전8:4－13). 개인의 가치보다 공동체의 가치를 우선으로 삼는 데서 바울은 그리스도인의 미덕을 찾고 있다.

신앙생활에 있어서 고수할 것과 양보할 것을 분별하여 지키는 것이 중요하다. 우리는 신앙생활을 하는 데 있어서, 흔히 양보해서 안 될 것은 쉽게 양보하면서, 양보해도 될 것은 고집을 부려 어리석음을 자초하는 경우가 많다. 유의해야 할 일이다.

그러면 바울에게 있어서 신앙의 수평적인 차원은 무엇인가? 이를 알기 위해서 예루살렘 공의회(A.D.49)에서 다루어진 내용이 무엇인가를 본문을 근거로 살펴볼 필요가 있다.

첫째로 6절에서 바울은 "그 유명하다는 사람들이 나에게 더하여준 것이 없다"고 한다. '그 유명하다는 사람들'은 누구인가? 예루살렘 교회 지도층일 것이다. 그들은 바울에게 '더하여 준 것'(*prosanatithemi*)이 없다고 선언한다. 헬라어 '프로스아나테미'는 원래 얼굴에 덧붙여진 '혹'이나 '군더더기'를 뜻한다. 바울의 반대자들이 갈라디아교회 교인들에게 요구하는 '할례'와 '율법'을 바울은 불필요한 혹으로 표현하고 있음을 알 수 있다.

바울이 전한 복음의 진리는 예루살렘 공의회에서 지도자들에 의해서 공인된 사항이기 때문에, 반대자들의 요구는 비(非)복음적이라는 것이다. 곧 예루살렘 공의회에서는 이방인을 향한 바울의 복음 전파가 정당성을 지니며, 이방인을 위한 바울의 선교가 공인되었던 것이다.

두 번째 사항은 무엇인가? 할례받은 사람에게 복음 전하는 일이 "베드로에게" 맡겨진 것처럼, 할례받지 않은 사람에게 복음 전하는 일이 "바울에게" 맡겨졌다. 공의회에서 결의된 두 번째 사항은 "선교 지역의 분할"임을 알 수 있다. 선교 지역을 팔레스티나와 이방지역, 유대인과 이방인으로 나누고, 베드로는 팔레스티나 지역의 할례자를 위한 선교사로, 그리고 바울은 이방지역의 할례받지 않은 사람들을 위한 선교사로 부름받았다는 것이다.

하나님은 유대인만이 아니라, 이방인도 구원으로 초대하였다. 베드로만이 아니라 바울도 부르셨다. 복음 사업의 독점이 아니라 분업이요, 획일성이 아니라 다양성이 강조된다. 복음사업의 분할은 어디에서 기인하는가? 신학이 달라서가 아니다. 신앙고백이나 교리가 달라서도 아니다. 단지 이방인과 유대인 사이의 문화적 차이 때문이요, 효율적인 선교를 위해서다. 이를 위하여 하나님은 베드로와 바울을 나란히 사도로 불러 구원사업을 맡기셨다(energeo). 이 점에서 오늘날 한국교회에서 볼 수 있는 신학적 입장 차이나 기득권을 얻기 위한 교파 분열과는 성격이 다르다.

베드로와 바울을 부르신 분은 한 분 하나님이다. 그들에게 일을 맡기신 분도 한 분 하나님이다. 우리 안에서 역사하시는 분도 한 분 하나님이요, 우리를 불러 크고 작은 일을 맡기시는 분도 한 분 하나님이다. 그 일을 잘 수행할 수 있도록 우리 모두에게 은혜를 주시는 분도 한 분 하나님이다. 우리는 모두 성격, 모양, 지위, 생각, 습관이 다르다. 각자에게 주어진 역할과 사명도 다르다. 그러나 우리 모두가 한 분 하나님을 섬기고 있다는 점에서 하나다. 우리가 받는 은사의 종류도 다양하다. 지혜의 은사, 지식의 은사, 신유의 은사, 기적의 은사, 예언의 은사, 영 분별의 은사, 방언의 은사, 방언통역의 은사가 있다. 이러한 다양한 은사는 한 분 성령에 의해서 주어진다.

일을 맡기시는 분은 한 분 하나님이지만, 일을 맡은 사람은 여럿이다. 베드로와 바울은 태어난 장소가 다를 뿐만 아니라 성격도 다르다. 베드로는 갈릴리 출신이요 성격은 다혈질이다. 바울은 디아스포라로 길리기아의 다소 출신이요 성격은 침착하다. 베드로는 생업이 어부였고 히브리 문화권에서 성장했지만, 바울은 생업이 텐트수리공으로서 이방 문화권 속에서 자랐다.

유대인을 위한 사도인가, 아니면 이방인을 위한 사도인가는 중요하지 않다. 토기장이는 용도에 따라 꽃병도 만들고 항아리도 만든다. 어느 것이 더 중요한가? 쓸씀이에 따라 다 중요하다. 9절에서 바울은 예루살렘 교회 대표들이 "하나님께서 나에게 주신 은혜를 인정했다"고 한다. 상대방이 하나님께서 내게 주신 은혜를 인정했다면, 나도 하나님께서 상대방에게 주신 은혜를 인정해야 한다. 나에게 주신 은혜가 중요하면, 다른 사람에게 주신 은혜도 중요한 법이다.

9절에서 바울은 기둥으로 인정받는 야고보, 게바, 요한과 '친교의 악수'(dexias koinonias)를 나누었다고 한다. 야고보라는 이름이 게바보다 먼저 언급되고 있는 것으로 보아, 바울이 갈라디아서를 쓴 A.D.54년 경에 예루살렘 모(母)교회에서 예수의 동생 야고보가 게바보다 중요한 위치에 있었던 것으로 추측된다.

'악수'(dexias)는 원래 페르시아에서 유래하였다. 전쟁에서 아군과 적군의 실력이 엇비슷하여 아무리 싸워도 승부가 나지 않자, 둘이 다 살기 위하여 화해의 표시로 손을 잡게 되었는데, 이것이 악수의 기원이 되었다. 악수는 너와 내가 같다고 하는 평등과 화해 사상에서 유래한다. 따라서 '친교의 악수를 나누었다' 함은 예루살렘 모교회의 세 지도자들이 바울과 화해했을 뿐만 아니라 서로 '대등한 관계'로 인정했음을 보여준다.

10절에는 예루살렘 공회의에서 거론된 세 번째 사항이 나온다. 그것은 의결사항이라기보다는 오히려 부탁에 가깝다. 세 지도자들은 바울에게 예루살렘 교회의 '가난한 사람들'을 기억해달라고 부탁한다. 그런데 예루살렘 성도들을 위한 헌금은 바울이 오래전부터 해오던 일이었다. 이 일을 위해서 디도가 많은 수고를 했다. 고린도 전서에 보면 갈라디아교회들 역시 바울의 권고에 따라 이미 예루살렘 교회를 위한 모금에 참여하고 있었음을 알 수 있다. "유다에 있는 성도들을 돕기 위한 헌금에 관하여는, 내가 갈라디아 여러 교회에 지시한 대로, 여러분도 실행하기를 바랍니다. ……"(고전16:1 –4).

바울은 어떤 근거에서 이방 교회 성도들에게 예루살렘 성도를 위한 구제헌금을 강조하는가? "이제 너희의 넉넉한 것으로 저희 부족한 것을 보충함은 후에 저희 넉넉한 것으로 너희 부족한 것을 보충하여, 평균하게 하려 함이라."(고전8:12 –14). '평균케 하다'로 번역된 헬라어 '이소테스'(isotes)는 두 가지 뜻을 담고 있다. 평형(平衡)을 이루다 또는 정의롭게 하다(dikaiosune)는 뜻을 지닌다. '이소테스'는 교회 사이의 상부상조를 강조한다. 우리 모두가 그리스도 안에서 한 형제가 되었다면, 상부상조를 통한 형제 사이의 평균화야말로 '하나님의 의'를 세우는 일이 아닐 수 없다. 하나님의 의는 형제 사이의 돌봄을 포함한다.

예루살렘 교회와 이방 교회 사이의 상부상조하는 선교정책이야말로, 오늘날 부익부 빈익빈 현상을 빚고 있는 한국교회가 지향해야 할 선교방향이다. 다양성 속에서 하나됨을 추구하고, 하나됨 속에서 다양성을 인정하는 '다중일(多中一) 일중다(一中多)'의 선교정책, 곧 화이부동(和而不同)과 상부상조의 선교정책이야말로 바울이 지향했던 바이다.

제 8 강
안디옥 사건

11. 그런데 게바가 안디옥에 왔을 때에 잘못한 일이 있어서, 나는 얼굴을 마주 보고 그를 나무랐습니다. 12. 그것은 게바가, 야고보가 보낸 사람들이 오기 전에는 이방 사람들과 함께 먹다가, 그들이 들어오자, 할례받은 사람들을 두려워하여, 그 자리를 떠나 물러난 일입니다. 13. 나머지 유대 사람들도 그와 함께 위선을 하였고, 마침내는 바나바까지도 그들의 위선에 끌려갔습니다. 14. 나는, 그들이 복의 진리를 따라 똑바로 걷지 않는 것을 보고, 모든 사람 앞에서 게바에게 이렇게 말했습니다. '당신은 유대 사람인데도 유대 사람처럼 살지 않고 이방 사람처럼 살면서, 어찌하여 이방 사람더러 유대 사람이 되라고 강요합니까?(갈2:11-14)

바울은 본문에서 게바가 안디옥을 방문했을 때 일어났던 해프닝에 대해서 말한다. 언제, 무슨 이유로 게바가 안디옥을 방문했는지는 알 수 없다. 예루살렘 교회의 주도권이 예수의 동생 야고보에게로 넘어간 이후 게바는 선교여행을 떠나기로 결심했던 것 같고, 바나바와 바울이 목회를 하고 있는 안디옥교회에 들러 당분간 체류했을 것이다.

사건의 전말(顚末)은 무엇인가? 안디옥교회도 예배 이후 공동식사를 정례화했던 것 같다. 게바와 그를 따르던 유대계 그리스도인들은 이방계 그리스도인들과 한자리에 앉아 식사를 하고 있었는데, 유대인의 율법주의 신앙에서 보면 이방인과 함께 식사하는 것은 율법의 선(線)을 넘는 일이었다. 유대인들은 이방인을 모두 죄인으로 간주했다. 율법을 알지도 못하고 지키지도 아니했기 때문이었다. 따라서 유대인이 이방 죄인들과 한자리에서 식사하는 것은 율법에 명시된 정결법을 어기는 일로 간주되었다.

게바는 처음에는 바울과 마찬가지로 "유대인이나 헬라인이나 그리스도 안에서 구원받은 형제자매"라는 에큐메니칼한 신학입장을 견지하고 있었던 것 같다. 그렇기 때문에 안디옥교회를 방문했을 때 게바는 유대

정결법에 개의치 않고 이방계 그리스도인들과 함께 하는 공동식사에 참여했을 것이다. 게바의 이러한 행위가 예루살렘 교회 측에 전달된 것 같고, 야고보는 그 진상을 파악하기 위하여 조사단을 안디옥에 파견했다. 예배를 마치고 공동식사를 하는 자리에서 게바는 이 소식을 접하고 당황한 나머지 슬그머니 자리를 떴다. 그러자 안디옥교회 대표인 바나바와 유대계 그리스도인들도 덩달아 자리를 떴다. 공동식사 자리가 이상하게 되어버린 것이다.

게바 일행의 이러한 표리부동한 행동을 보고 그 자리에서 함께 식사를 하던 바울을 비롯한 이방계 그리스도인들이 당황했던 것 같다. 바울은 게바 일행의 이러한 이중적인 태도를 비판했다. 그들의 태도가 바울에게는 '복음의 진리'(aletheia tou euanggeliou)에 따라 똑바로 걷지 않는 거짓된 행위로 보였던 것이다. 모름지기 바울은 그리스도인이라면 유대인이든 헬라인이든 '복음의 진리'에 따라 똑바로 걸어야 한다는 소신을 가지고 있었다.

바울이 말하는 '복음의 진리'는 무엇인가? 첫째로, 복음의 진리는 모든 사람이 예외 없이 죄인(hamartolos)임을 깨닫게 해준다. 유대인이나 헬라인, 종이나 자유인, 여자나 남자 할 것 없다. 내가 하나님의 영광을 위한다고 하면서도, 실상은 내 영광을 위해서 일하는 경우도 있다. 하나님의 일에 열심을 내면서도, 이것이 진정 '하나님의 뜻'에 합당한 것인가를 항상 되묻는 자세를 가져야 한다. '복음의 진리'는 "모든 사람이 구원을 필요로 하는 존재"라는 사실을 일깨워준다. 구원은 내 힘과 능력으로는 얻을 수 없다는 것이 복음의 진리가 가르치는 것이다.

둘째로 '복음의 진리'는 인간이 어떻게 구원받을 수 있는가를 가르쳐준다. 구원은 오로지 예수 그리스도의 공로를 통해서 온다는 것이다. '오직 믿음으로'(sola fide), '오직 은혜로'(sola gratia) 우리는 구원을 받게 된다. 자기 공로나 선행으로 구원받을 수 있는 사람은 아무도 없다. 구원은 전적으로 십자가 공로요, 하나님께서 주시는 은혜의 선물이다. 은혜로 구원받았다면, 내게 자랑하거나 내세울 것이라고는 아무것도 없다. 우리는 항상 나 자신을 바라볼 때 '죄인'임을 인식하고, 그리스도의 십자가를 바라볼 때 죄에서 해방된 '의인'임을 잊지 말아야 한다.

셋째로 복음의 진리는 그리스도 예수 안에서 모든 인간은 하나요, 평등함을 가르친다. 유대인이나 헬라인이나, 종이나 자유인이나, 남자나 여자나 차별이 있을 수 없다. 그리스도 안에 있으면, 누구나 한 형제요 자매이다.

그렇다면 복음의 진리에 위배되는 사람은 무엇인가? 성경지식을 복음으로 착각하는 사람이다. 성경 구절을 많이 외우면 믿음이 큰 줄 생각한다. 교회를 오래 다니고, 찬송을 잘 부르며, 교회 행사치레에 능숙하면, 신앙이 깊은 것으로 생각한다. 장로는 더 잘 믿겠지, 목사는 더 말할 나위 없을 것이라고 생각한다. 그렇지 않다. 신앙생활에는 연륜이 통하지 않는다. 처음 믿은 사람이 신앙이 좋을 수 있고, 오래 믿은 사람이라도 알고 보면 형편없을 수도 있다. 결과는 하늘나라에 가 봐야 안다. 하늘나라 가면 깜짝 놀랄 일이 두 가지 있다고 한다. 하나는 꼭 와 있어야 할 사람이 보이지 않는 것이요, 다른 하나는 전혀 올 것 같지 않은 사람이 와 있다는 것이다. 마음속에 깊이 새겨두고 신앙생활을 할 일이다. 주님께서도 자만한 제자들에게 경고하신다. 너희 가운데 "첫째가 꼴찌가 되고, 꼴찌가 첫째가 되는 사람이 많을 것이다"(마 19:30).

위선적인 신앙도 복음의 진리에 위배된다. 잘 믿는 것처럼 행세하거나, 선한 일은 자기 혼자 하는 것처럼 위장하는 사람이 있다. 위선적 신앙이 얼마나 위험한가는 아나니아와 삽비라 이야기에서 나온다(행5장). 이들은 사람들이 땅을 팔아 교회에 바치고 훌륭하다고 칭찬받는 것을 보면서 땅을 팔았다. 전체 액수를 바치려고 생각하니 아까운 생각이 든다. 그래서 반은 감추고 반만 바쳤다. 그들은 저주를 받아 그 자리에서 죽고 만다. 위선적인 신앙에 대하여 초대교회는 엄하게 다스렸음을 알 수 있다.

사도행전 2장에서 우리는 초대교회 예배형태의 한 단면을 엿볼 수 있다. "날마다 한 마음으로 성전에 열심히 모이고, 집에서 빵을 떼면서 순수한 마음으로 음식을 먹고, 하나님을 찬양하였다"(행2:46 - 47). 그들은 성전에 모여 정기적으로 예배를 드렸고, 집에서 떡을 떼면서 하나님을 예배하고 찬양했다. 예루살렘 교회공동체는 아직 유대교 성전공동체와 유기적인 연관성 속에서 신앙생활을 했음을 알 수 있다. 예배 때마다 성찬을 필수적으로 행함으로써 신도들이 그리스도와 한 몸이라는 운명공동체 의식을 다지는데도 게을리 하지 않았다.

초대교회 성찬예배의 관행에 대해서 바울은 중요한 것을 지적한다. "먹을 때에, 사람마다 제각기 자기 음식을 먼저 먹으므로, 어떤 사람은 배가 고프고, 어떤 사람은 술에 취합니다. 여러분에게는 먹고 마실 집이 없습니까? 여러분이 하나님의 교회를 멸시하고, 가난한 사람들을 부끄럽게 하려는 것입니까?……형제자매 여러분, 여러분이 먹으려고 모일 때에는, 서로 기다리십시오……"(고전11:21 - 33) 성찬예배를 드릴 때에 자기 능력에 따라 음식을 가져왔는데, 자기가 가져온 음식을 먼저 먹어버리는 경우가 생겼던 것 같다. 그리하여 성찬식에 참여한 형제자매 사이에 배고픈 사람이 생기는 사례까지 발생하였다. 가진 자들의 이러한 권리주장을 바울은 하나님의 교회를 멸시하고 가난한 성도들을 부끄럽게 하는 행위라고 경고한다.

일단 성별하여 하나님께 바쳤으면, 그것은 더 이상 내 것이 아니다. 그것은 하나님의 것이요, 공동체 구성원 전체의 것이다. 그것에 대하여 내 권리를 주장해서는 안 된다. 그것은 전체에게 필요에 따라 고르게 분배되어야 할 것이다.

성찬식에는 똑같은 크기의 떡과 잔을 나눈다. 목사, 장로라고 해서 평신도보다 더 큰 떡이나 잔을 받지 않는다. 남녀노소나 빈부귀천의 차별이 있을 수 없다. 이방인도 노예도 함께 참여하여 동일한 크기의 떡과 잔을 나눈다. 이러한 성찬식을 통해서 하나님의 사랑과 정의가 구체적으로 나타난다. 그래서 초대교회는 성찬식을 아가페(*agape*)라고 불렀다.

유대인들은 선민의식에 사로잡혀 있었다. 신명기에 이웃사랑을 말하지만, 그것은 자기 동족에 국한된 일이었다. 유대인은 이방인을 대접하지도 않고, 그들로부터 대접을 받지도 아니하였다. 탈무드에 보면, 굶어 죽는 한이 있더라도, 이방인의 신세를 지지 말라고 가르친다. 하물며 이방인과 한자리에서 식사하는 것은 있을 수 없는 일이다. 이것이 일반적인 유대인의 정서이다.

게바가 안디옥교회를 방문했을 때, 이방 그리스도인들이 그를 따뜻하게 대접했다. 그들과 한자리에서 예배를 드리고 성찬에 참여하였다. 그런데 야고보가 보낸 사람들을 보는 순간, 게바는 정신이 번쩍 들었다. 유대인의 본성이 드러난 것이다. 함께 식사를 하다말고 성급히 자리를 뜨고 말았다. 게바는 신앙인으로서 이중적인 모습을 보였던 것이다. 물론 바울은 게바를 주님의 수제자로 존경했을 것이다. 그러나 겉과 속이 다른 게바의 이중적인 신앙을 보았을 때 이를 지적하였다. 비록 게바라 할지라도 그의 실수를 눈감아버릴 수 없었다. "당신은 유대인이면서 유대인처럼 살지 않고 이방인처럼 살면서, 어찌하여 이방인에게 유대인처럼 살라고 말할 수 있는가?" 무슨 말인가? 게바는 원래 유대인이었다. 율법에 매어 살았다. 그러나 복음 안에서 그리스도를 믿음으로 유대인의 옛 방식대로 살지 않고 이방인들이 그리 했던 것처럼 율법에서 자유한 삶을 살았다. 그런데 이방인 형제들과 함께 식사하다가 할례자들을 두려워하여 자리를 피함으로써 복음에서 자유한 삶을 스스로 저버렸다. 그것은 마치 억지로 이방인을 유대인답게 살게 하려 한 꼴이 되었다.

교회신도들의 신앙은 목사의 신앙만큼 자란다. 지도자가 어떤 행동을 하느냐에 따라 교인들의 신앙생활이 바뀐다. 지도자 한 사람의 영향력이 크기 때문에, 그에게는 그만큼 높은 신앙윤리가 요구된다.

제 9 강
율법의 행실

15. 우리는 본디 유대 사람이요, 죄인인 이방사람이 아닙니다. 16. 그러나 사람이, 율법을 지키는 행위로 의롭게 되는 것이 아니라, 예수 그리스도를 믿음으로 되는 것임을 알고, 우리도 그리스도 예수를 믿은 것입니다. 그것은, 우리가 율법을 지키는 행위로가 아니라, 그리스도를 믿는 믿음으로 의롭게 하여 주심을 받고자 하는 것이었습니다. 율법을 지키는 행위로는 아무도 의롭게 될 수 없기 때문입니다. 17. 우리가 그리스도 안에서 의롭게 하여 주심을 구하다가, 우리가 죄인으로 드러난다면, 그리스도는 우리로 하여금 죄를 짓게 하시는 분이라는 말입니까? 그럴 수 없습니다.(갈2:15 – 17)

인간은 어떻게 구원에 이를 수 있는가? 바울은 본문에서 그리스도교의 구원론을 집중적으로 취급한다. 구원은 어디에서 오는가? "우리는 본래 유대 사람이요 이방 죄인이 아니라"고 한다. 유대인의 생각은 어떠한가? 그들은 인간이 죄인이 되고 의인이 되는 것이 출생에서 결정된다고 한다. 유대인으로 태어나는가, 아니면 이방인으로 태어나는가, 자기 의지와 상관없이 출생 자체가 이미 그 사람의 운명을 결정한다고 유대인들은 보았다.

'이방 죄인'(*ethnos hamartols*)이라는 표현 속에는 이방인은 태어날 때 이미 죄인이라는 의미가 들어있다. 반면에 유대이은 태어날 때부터 의인이다. 왜 그런가? 그들에게만 '토라'(율법)가 주어졌기 때문이다. 유대인은 토라를 어길 때 죄인이 되지만, 그들에게는 속죄의 길이 열려 있다. 예루살렘 성전에서 속죄 제사를 드리거나 대신 고난을 받음으로 써이다. 그리고 토라를 지키는 행실을 통해서 그들은 죄에서 용서받을 수 있다고 믿는다.

이방인에게는 어떠한가? 그들에게는 토라가 주어지지 않았기 때문에 구원의 길에서 차단되어 있다. 그렇다면 이방인은 구원받을 수 없는가?

그렇지 않다. 단 유대인이 되어야 한다. 할례를 받고 율법을 지키고 유대인의 절기를 지켜야 한다. 이것이 이방인의 구원방법에 대한 유대인들의 일반적인 생각이었다. 그런데 문제는 예수를 믿는 유대계 그리스도인조차도 이러한 사고방식에 사로잡혀 있었다. 할례를 받지 않는 한 아무리 복음을 믿어도 이방인은 구원받을 수 없다고 생각했다.

이와 같이 율법주의 신앙관에 매어있는 유대계 그리스도인을 향하여 바울은 16절에서 도대체 그리스도인이 어디에 근거해서 의롭다 인정을 받게 되었는가를 단도직입적으로 선언한다. 이것을 바울의 이신득의(以信得義) 또는 칭의사상(稱義思想)이라 부른다. "우리는 인간이 율법을 행함으로써가 아니라, 예수 그리스도를 믿음으로써만, 의롭게 된다는 것을 알고 있습니다."

유대계 그리스도인들이 이방계 그리스도인을 향하여 그리스도인이 되고자 하면 먼저 '유대인이 되라'고 하였다. 먼저 할례를 받고 율법을 지키라는 것이다. 이에 맞서 바울은 바리새파적 정통 유대교 구원교리에 머물러있는 대적자들의 신앙을 정면으로 반박한다. 모든 인간은 종말적 심판에 직면하여 '토라를 준수함으로써만' 의롭게 된다는 것이 바리새파 구원교리이다. 곧 그들에게는 율법을 준수하는 삶을 사느냐의 여부가 구원을 결정짓는 열쇠가 된다.

이에 대해서 바울은 인간이 하나님 앞에 바르게 설 수 있는 것, 곧 '의롭게 되는 것'(dikaioutai)은 '예수 그리스도에 대한 믿음을 통해서'(dia pisteos Jesu Christou)임을 선언한다(참조, 롬3:22.30; 빌3:9). 예수 그리스도를 믿는다는 것은 무엇을 뜻하는가? 예수를 하나님의 아들 그리스도로 믿는 것이요, 그가 십자가에 달리고 부활하심이 하나님의 구원사건임을 믿는 것이다(갈2:20; 3:1.13; 4:4-6). 그리스도인은 '그리스도 안의 존재'(en Christo)임을 깨닫고 사는 것이(갈2:19-21; 3:26-28) 구원의 통로는 오직 예수 그리스도 한 분임을 믿는 것이다.

바울은 율법 준수 자체를 부정한 것이 아니다. 그는 로마서에서 율법의 유용성을 강조한다. 본래 율법은 '거룩하고'(hagia) '정의로우며'(dikaia) '선하고'(agathe)(롬7:12) '신령하다'(pneumatikos)는 것이다(롬7:14). 사람이 위로는 하나님을 섬기고 이웃과 더불어 행복한 삶을 살기 위한 공동체를 유지하기 위해서 주신 것이 다름 아닌 율법이다. 살인하지 말라는 법으로 약자의 생명을 보호하시고, 도둑질하지 말라는 법으로 사유재산을 보호하시고, 거짓증거하지 말라는 법으로 진실을 보호하신다. 율법을 통해서 하나님의 공의와 사랑이 표현된다. 율법은 이웃사랑을 통해서 완성된다(롬13:8). 신앙인의 '삶의 규범으로써' 우리는 마땅히 율법을 받아들이고, 이를 감사한 마음으로 지켜야 한다.

그러나 율법을 지키는 행업을 통해서 내가 구원을 얻고, 의롭게 되겠다고 생각한다면, 그것은 망상일 뿐이다. 바울은 율법의 유용성을 인정하지만, 동시에 그것의 한계를 분명히 인식하였다. 인간의 공동체 삶을 위해서는 율법이 필수적으로 요구되지만, 그럼에도 불구하고 하나님과의 올바른 관계를 회복케 하는 구원문제에 관해서 율법은 아무 역할도 할 수 없다는 것이 그의 생각이다.

유대계 그리스도인 가운데서도 바울과 그를 따르는 신도들은 바로 이러한 신학적 확신에 근거해서 예수 그리스도를 믿게 되었다. 그래서 바울은 말한다. "우리도 예수 그리스도를 믿는 것입니다. 그 이유는 (hina) 우리가 율법을 지켜서가 아니라, 그리스도를 믿는 믿음으로 의롭게 되기 위해서입니다." 설사 율법을 잘 지키는 유대계 그리스도인이라 할지라도, 의롭게 되기 위해서는 그리스도에 대한 믿음(pistis)이 절대적으로 요청된다는 것이다.

도대체 구원은 어떻게 가능한가? 그것은 유대인으로 태어나는 것도 아니고, 율법을 지켜서 되는 것도 아니다. "입으로 예수는 주님이라고 고백하고, 하나님께서 그를 죽은 사람들 가운데서 살리신 것을 마음으로 믿는 사람은 구원을 얻을 것입니다. 사람은 마음으로 믿어 의에 이르고, 입으로 고백해서 구원에 이릅니다."(롬10:9–10) 16절 마지막에서 바울은 다시 한번 강조한다. "어느 누구도 결코 율법을 지키는 일로는 결코 의롭게 될 수 없습니다."

16절은 바울이 이해하는 복음의 핵심에 해당한다. 종교다원주의에서는 타종교에도 구원이 있다고 인정하며, 그 방법은 여럿일 수 있다고 가르친다. 그러나 바울의 입장은 다르다. 철저하게 비타협적이다. 구원의 방법은 여럿일 수 없고, 오직 한 가지, '예수 그리스도에 대한 믿음'뿐이라고 선언한다.

구원문제에 관한 한 사람의 출신, 사회적 지위나 명성, 소유 등 이른바 인간의 '자기 의'(自己義)에 속하는 범주들은 어떤 역할도 하지 못한다. 하나님과 바른 관계를 맺기 위해서는 이러한 것들은 모두 무용지물이 된다. 인간이 구원받는 데 필요한 것은 오로지 '하나님의 의'(*dikaiosune theou*)이다. 그것은 예수 그리스도의 십자가 사건이다. 인간은 그리스도 예수의 십자가 앞에 절대 승복함으로써, 그리고 십자가 사건만이 나를 구원으로 인도한다는 절대적인 믿음을 가짐으로써 충분하다는 것이다.

자기 의가 아니라, 하나님의 의를 통해서 구원받은 몸이라면, 우리는 구원에 있어서 자랑할 것이라고는 아무것도 없다. 하나님의 의로운 사건 앞에서 자기를 내세우지 않고, 자기를 비우는 수밖에 없다. 겸손한 마음으로 십자가 앞에 자기를 개방하는 수밖에 없다. '행함'이 자기 의로움에 근거한다면, '믿음'은 하나님의 의로움에 근거한다. 우리가 십자가 은혜로 '거저' 구원받았다는 의식을 가지고, 신앙생활을 한다면, 감사와 기쁨과 찬양 생활 이외에 또 무엇을 더 바라겠는가? 재물이란 하나님께서 주시기도 하고, 거두어 가시기도 한다. 사업이란 성공하기도 하고 실패하기도 한다. 형편과 처지에 좌우되어서는 안 된다. 바울은 그리스도인의 본분을 어떻게 규정하는가? "항상 기뻐하고, 쉬지 않고 기도하며, 범사에 감사하라."(살전5:16; 참조 빌 4:4) 기쁨, 감사, 찬양 생활이야말로 신앙인의 본분이다.

바울의 경우 예수 믿기 전에는 자랑할 것이 많았다. 그는 베냐민 지파로 히브리인 중의 히브리인으로 태어났고, 바리새파로서 가말리엘 문하에서 율법수업을 받았다. 율법으로도 흠잡을 데 없는 사람이었다(빌 3:5-6). 그러나 예수를 만난 순간부터, 바울의 인생은 고난과 역경의 연속이었다. 환난과 곤경, 매 맞음과 옥에 갇힘, 추위와 굶주림 속에서 복음을 전파하였다(고후6:4-5). 세상적인 잣대로 보면 바울이야말로 예수 믿고 신세 망친 사람이다. 그러나 고난과 역경 속에서 바울은 감사와 찬양이 끊이지 않았다. 어떻게 이 일이 가능했는가? 그는 예수 한 분으로 만족하고 모든 일에 감사생활을 했기 때문이다.

항상 기뻐하고 모든 일에 감사하는 생활을 하면 우선 스트레스가 쌓이지 않는다. 마음으로 생각하는 것은 반드시 구체적인 물질로 변화되어 육체에 작용한다. 매사를 부정적으로 생각하거나 화를 자주 내면, 체내에서 아드레날린이 분비된다. 이 호르몬은 노화를 촉진시키고 암을 유발하며 수명을 단축시킨다. 반면에 매사를 긍정적으로 생각하고 기쁨과 감사의 생활을 하면, 뇌에서 엔돌핀이 분비된다. 엔돌핀 호르몬은 인간에게 젊음을 유지시켜주고 면역성을 강화시킨다. 주어진 상황 그 자체보다도, 그것을 받아들이는 태도나 맘가짐이 더 중요하다. 신앙생활은 무엇인가? 매사를 긍정적인 눈으로 보는 것이다. 언제나 어떠한 환경과 처지에서도 흔들리지 않고 한결같이 기뻐하고 감사하는 것이다. 신앙생활을 바르게 하면 뇌에서 몸에 이로운 호르몬이 분비된다. 건강과 활력을 되찾게 되고, 젊음을 유지시키며 장수(長壽)하게 된다. 우리는 모두 죄로 인해 죽을 수밖에 없는 운명이었다. 그런데 십자가의 은혜로 거저 구원받았다. 그 이상 무엇을 더 바라겠는가? 항상 구원받은 감격을 잃지 아니하고, 예수 한 분만으로 만족하는 삶이 우리를 건강하게 만든다.

17절에서 반대자들은 바울의 구원관에 대하여 이의(異議)를 제기한다. 만약 바울의 말대로 믿음으로 구원을 얻게 된다고 하자. 그러다가 혹시 죄인으로 드러나게 된다면, 그리스도는 '죄의 종'(*Christos hamartias diakonos*)이 되는 것이 아닌가? 이러한 반박에 대해서 바울은 단호하게 대응한다. "결코 그럴 수 없다!"(*me genoito*)는 것이다.

제 10 강
믿음 안에서의 삶

18. 내가 헐어버린 것을 다시 세우면, 나는 나 스스로를 범법자로 만드는 것입니다. 19. 나는 율법 앞에서는 이미 율법으로 말미암아 죽었습니다. 그것은 내가 하나님 앞에서 살려고 하는 것입니다. 20. 나는 그리스도와 함께 십자가에 못박혔습니다. 이제 사는 것은 내가 아닙니다. 그리스도께서 내 안에서 사시는 것입니다. 내가 지금 육신 안에서 사는 것은 나를 사랑하셔서, 나를 대신하여 자기 몸을 내 주신 하나님의 아들을 믿는 믿음 안에서 사는 것입니다. 21. 나는 하나님의 은혜를 헛되게 하지 않습니다. 의롭게 하여 주심이 율법으로 되는 것이라면, 그리스도께서는 헛되이 죽으신 것이 됩니다.(갈2:18 – 21)

18절에서 바울은 헐어버렸다고 한다. 그것이 무엇인가? 율법을 행하므로 구원에 이른다는 생각을 헐었다는 것이다. 율법의 행실과 복음이 서로 대립된다고 보았기 때문에, 바울은 그리스도인이 된 이후로 율법을 통해서 구원받는다는 생각을 헐었다고 한다. 죄인과 의인을 가르는 잣대는 무엇인가? 율법을 '헐었다'(katalyo)면 그 율법을 범하는 일이 죄가 될 수 없을 것이다. 율법은 단지 죄를 인식하는 도구일 뿐이다(롬 3:20). 바울이 헐어버린 율법을 다시 세운다면, 그는 범법자로 드러나고 말 것이다.

19-20절은 바울이 제기한 이신득의 신학을 요약하고 있다. 그리스도인은 토라의 행실(erga tou nomou)로가 아니라, 그리스도를 믿는 믿음(pistis)으로 의롭게 된다는 것이다. 그러면 어떻게 믿음으로 의롭게 될 수 있는가?

바울은 4가지를 말한다. 첫째로, 나는 율법에 대해서는 이미 율법에 의하여 죽었다고 한다. 둘째로, 나는 그리스도와 함께 십자가에 못박혔다고 한다. 셋째로, 이제 사는 것은 내가 아니라 그리스도께서 내 안에서 사신다고 한다. 넷째로, 지금 내가 사는 것은 하나님의 아들을 믿는 믿음으로 산다고 한다.

첫째는 "율법 앞에서 율법으로 말미암아 죽음"으로써 죄에서 해방된다고 한다. 무슨 말인가? 율법은 우리에게 죄를 일깨워 주는 기능을 한다. 그런데 율법에 대하여 죽음으로써, 나를 향한 율법의 역할이 끝났다는 것이다. 율법에 대하여 죽음으로써 죄로부터 해방되었다. 율법에 따른 나의 죽음은 "하나님 앞에서 살기 위한" 전제조건이다(19절). 그것은 동시에 '그리스도 안에서의 삶'(롬6:10−11), '믿음 안에서의 삶'(갈3:21), '성령 안에서의 삶'(갈5:25)을 위한 전제조건이기도 하다.

유대인들은 철저한 율법주의자들이다. 구원의 방편으로써 그들은 율법을 철저하게 지켜왔고, 율법에 준(準)하는 여러 규정들(할라카)을 준수하였다. 예를 들면 안식일법이 그것이다. 안식일을 지키라는 율법이 있다면, 실생활에서 안식일을 어떻게 지켜야 하는가를 다룬 69가지의 세부 규정들이 있다(미쉬나). 안식일을 거룩하게 지키는 문제가 그것이다. 안식일을 거룩하게 지키기 위해서는 옷이 터졌을 때 열 바늘 이상 꿰어 매서는 안 된다. 오리 이상 걸어서도 안 된다. 소변은 허용하되 그 이상의 것은 금지되어 있다. 안식일에는 어떠한 물건도 사고팔아서는 안 된다. 유대인들은 이러한 세부 규정들을 만들어 놓고, 그것들을 하나하나 지키려고 노력하였다.

그리스도인의 신앙생활에도 이와 같은 율법주의적인 측면이 나타난다. 처음 믿을 때에는 매사가 감격스럽고 은혜롭다. 그런데 문제는 예수를 믿어가면서 생긴다. 열심히 믿고, 오래 믿을수록 점점 힘들어진다. 왜 그런가? 자기도 모르는 사이에 스스로 율법주의 신앙에 물들기 때문이다. 하루에 성경을 몇 장 읽고, 기도를 몇 시간 하고, 일주일에 며칠 금식하고, 선을 행하고, 주일 성수, 십일조 헌금, 새벽기도 등 나름대로 제반 규정을 만들어 놓고, 그 규정들을 지킴으로써 구원을 얻는다고 생각한다. 그런데 규범대로 지킬 수 없는데 문제가 생긴다. 그러할 때 스스로 자책하거나 절망에 빠져들게 된다. 다른 한편 자기가 새워놓은 기준을 가지고 남의 신앙을 저울질하게 된다. 나는 이만큼 했는데, 남은 그렇지 못하게 보인다. 은연중 남의 신앙까지 판단하게 된다. 자신도 모르게 공로신앙에 물들게 되고, 율법주의 신앙에 빠지게 된다.

그리스도인은 공로신앙이 아니라, 은혜신앙으로 무장되어야 한다. 사나 죽으나, 은혜신앙으로 시작하여 은혜신앙으로 끝맺어야 한다. 행위로 시(是)와 비(非)를 가리려고 해서는 안 된다. 겉으로 나타나는 것만 가지고 사람을 판단해서도 안 된다. 하나님께서는 사람을 외모로 판단하지 않으신다. 외모와 행위의 시각에서 볼 때, 바리새파는 세리보다 단연 앞선다. 그러나 주님은 바리새파의 '공로신앙'보다 세리의 '회개신앙'을 더 높이 사셨다(눅18:9-14). 예수는 예루살렘의 대제사장들을 향하여 "세리와 창녀들이 오히려 너희보다 먼저 하나님 나라에 들어간다"고 선언하셨다(마21:31).

둘째로, 20절에서 바울은 "내가 그리스도와 함께 십자가에 못박혔다"고 한다. 이 구절은 세례와 연관성이 있다. 그리스도인에게 세례는 무슨 의미가 있는가? 로마에 있는 교우들에게 보내는 편지에서 바울은 세례를 그리스도와 함께 죽고 부활함으로 해석한다. "우리가 그의 죽으심과 같은 죽음으로 그와 연합하는 사람이 되었으면, 또한 분명히 그의 부활하심과 같은 부활로 그와 연합하는 사람이 될 것입니다."(롬6:5) 세례자에게 죽음은 객관적인 사건이다. 세례는 죄에 의해서 지배되었던 삶의 기초나 '옛사람'을 실제로 제거하는 것이요, 새로운 삶의 기초와 '새로운 피조물'이 됨을 뜻한다. 초대교회 성도들은 세례를 그리스도와 함께 죽고 그리스도와 함께 부활하는 의식(儀式)으로 받아들였다. 마르틴 루터는 '매일 세례'(daily Baptism)를 주장하였다. 그리스도인은 날마다 율법에 대하여 죽고, 날마다 하나님을 향하여 살아야 한다. 그리스도인은 날마다 세례를 받아야 한다는 것이다. 그리스도와 함께 십자가에 못박혔다는 바울의 선언은 '율법'에 대한 죽음을 뜻할 뿐만 아니라, '나'에 대한 죽음도 뜻한다. 그 '나'는 "정욕과 욕망에 사로잡혀 있는 나이다."(갈5:24)

셋째로, 십자가에 못박힘은 세례를 통해서 구체화된다. 세례를 통하여 이제 사는 것은 내가 아니라, 그리스도께서 내 안에 사시는 것이 된다. 내가 죽고 하나님을 향하여 살려면, 누군가 대리인이 내 안에 살아야 한다. 그 대리인이 누구인가? 그리스도이다. 그리스도가 내 안에 사는 사람이 그리스도인이다. "주님은 영이십니다. 주님의 영이 계신 곳에는 자유함이 있습니다."(고후3:17) 주의 영은 그리스도인 안에 거한다. 그리고 그들에게 자유와 하나님을 향한 삶을 제공한다. 크리스천 (Christian)이라는 말은 그리스도께서 안에 살고 있는 사람(Christ in man)을 뜻한다. 그리스도가 내 안에 산다고 하면서, 내 안에 아직도 내가 살아 있다면, 그 사람은 진정한 의미에서 그리스도인이라고 말할 수 없다.

제아무리 엄격한 율법이라고 해도, 법은 산자에게만 적용된다. 죽은 자를 가두는 감옥은 없다. 아무리 큰 죄를 지었어도, 죽음보다 더한 형벌은 없다. 최고의 형벌이 사형(死刑)이다. 감옥에 갇힌 자라도 죽으면 해방된다. 십자가에 완전히 죽어야 죄와 율법으로부터 자유로울 수 있다. 내가 조금이라도 살아서 꿈틀거리고 있다면, 다시금 율법이 고개를 든다. 십자가에 완전히 죽어 율법으로부터 해방되는 것이 예수를 믿는 것이다.

20절에서 내가 사는 것이 아니라 내 안에 그리스도가 사는 것이라고 한다. 무슨 뜻인가? 나는 그리스도의 분신(分身)으로 살아야 한다는 뜻이다. 그렇다면 나의 말과 행동 하나 하나에서 사람들은 그리스도를 만날 수 있어야 한다. 사람들이 나를 봄으로써 그리스도를 보고, 내 말을 들음으로써 그리스도의 음성을 들을 수 있어야 한다. 그리스도인은 모두 작은 예수가 되어야 한다. 그리스도가 내 안에 살고 있다는 깨달음에서 그리스도인으로서의 정체성(正體性)을 가져야 한다.

넷째로, 바울은 '그리스도가 내 안에 사신다'는 말씀을 다시 한번 풀어 설명한다. 그리스도인의 삶은 '육체 안에서의'(en sarki) 삶을 말하는데, 그것은 동시에 하나님의 아들을 믿는 '믿음 안에서의'(en pistei) 삶과 동일하다. 믿음 안에서의 삶은 곧 그리스도를 모시고 사는 삶을 뜻한다.

21절에서 바울은 그를 비난하는 유대계 그리스도인들의 주장을 반박한다. "나는 하나님의 은혜를 헛되이 하지 않습니다." 바울의 반박자들은 그의 주장이 '하나님의 은혜'(he charis tou theou)를 헛되게 한다고 비난했던 것 같다. 곧 그들은 구원에 있어서 율법의 무효성을 선포한 바울이 하나님의 은혜를 헛되게 한다는 비난을 퍼부었다. 이에 대하여 바울은 반박한다. "만일 의롭게 되는 것이 율법을 통하여 되는 것이라면, 그리스도는 헛되게 죽으셨습니다." '율법을 통하여'(dia nomou)는 '율법을 행함으로'(eks ergon nomou)와 동일하며, 그것은 '예수 그리스도를 믿음으로'와 대조된다.

하나님의 은혜가 반대자들이 주장하는 것처럼 율법의 일을 포함한다면, 그리스도의 죽음은 구원의 성격을 잃어버리게 될 것이고, 헛된 죽음이 되고 말 것이다. 하나님의 은혜를 헛되게 만드는 것은 바울이 아니라 오히려 반대자들이다. 바울이 보기에 예루살렘의 거짓 형제들이 하나님의 은혜를 거부했고(2:4-5), 게바도 안디옥교회의 공동식사 자리에서 하나님의 복음을 부인했고(2:11-14), 지금 바울의 반대자들 또한 하나님의 은혜를 부인하고 있다.

구원은 오로지 하나님의 은혜의 사건일 뿐이며 믿는 자들에게 거저 주어지는 선물일 뿐이다. 구원의 이러한 성격을 바르게 깨닫게 되면 율법이나 공로가 자리할 틈이 없어진다. 그리스도 안에서 내가 완전히 죽고, 내 안에서 그리스도가 살아날 때, 인간은 진정한 자유와 해방을 누릴 수 있다. 나는 죽음으로써 죽음의 사슬로부터 해방된다. 본래 나라고 할 만한 것이 없음을 깨칠 때 내 안에 그리스도가 살게 된다. "나에게는 사는 것이 그리스도니, 죽는 것도 유익합니다."(빌1:21)

제 11 강
성령체험의 근거

　1. 어리석은 갈라디아 사람들이여, 예수 그리스도께서 십자가에 못 박히신 모습이 여러분의 눈앞에 선한데, 누가 여러분을 홀렸습니까? 2. 나는 여러분에게서 이 한 가지만을 알고 싶습니다. 여러분은 율법을 지킴으로써 성령을 받았습니까? 그렇지 않으면, 복음을 듣고, 믿음으로써 성령을 받았습니까? 3. 여러분은 그렇게도 어리석습니까? 성령으로 시작하였다가, 이제 와서는 육체로 끝을 맺으려고 합니까? 4. 여러분의 그 많은 체험은 다 허사가 되었다는 말입니까? 참말로 허사였습니까? 5. 여러분이 율법을 지켜서 하나님께서 여러분에게 성령을 주시고 여러분 가운데서 능력을 나타내신 것입니까? 그렇지 않으면 여러분은 복음을 듣고 믿어서 그러하신 것입니까?(갈3:1-5)

　그리스도교의 복음을 증언하고 있는 경전(Canon)을 일컬어 신약성경이라고 한다. 그런데 오늘날과 같은 27권을 경전으로 최종 결정하기까지는 무려 400년이라는 긴 세월이 걸렸다. 기원후 397년 성 어거스틴(St.Augustus)도 참석했던 카르타고 주교회의(Cartago Conference)에서 기독교 대표자들은 현재 27권의 책을 신약성경 경전으로 최종 확정하기에 이르렀다.

　당시에 등장한 숱한 그리스도교 문헌 가운데서 소위 경전으로 채택되기 위해서는 최소한 두 가지 조건을 만족시켜야 했다. 한편으로는 역사적 '예수의 생애(生涯)'를 증언해야 했고, 다른 하나는 '십자가와 부활'을 증언해야 했다. 이러한 두 가지 조건을 만족시킨 4권의 복음서와 13편의 바울 편지들은 많은 교회들의 사랑을 받으며 일찍이 경전으로 채택되었고, 경전 중의 경전으로 인정받았다. 그 외의 신약성경들은 경전 채택 과정에서 많은 논란이 있었고, 요한계시록의 경우 마지막 단계에 이르러 간신히 경전에 편입되기도 하였다. 그 이유는 역사적 예수의 생애와 십자가 사건이 요한계시록에 전혀 등장하지 않기 때문이었다. 기독교는 신약성경 27권을 모두 경전으로 그리고 하나님의 말씀으로 고백하지만, 그중에는 신학자들에 의해서 귀하게 다루어진 것도 있고, 그렇지 못한 책들도 많다. 마르틴 루터는 야고보서를 경전에 삽입시키기를 거절하였다. 십자가 사건이 빠져있기 때문이다. 그리스도교 복음을 한마디로 정의하면 '십자가의 복음'이라고 말할 수 있을 것이다.

1절에서 바울은 갈라디아교회 교인들을 향하여 십자가에 관한 잘못된 이해에 대하여 질책한다. "어리석은 갈라디아 사람들아, 예수께서 십자가에 달려 죽으신 모습이 여러분의 눈앞에 선한데, 누가 여러분을 홀렸는가?" 바울은 예수 그리스도의 정체성을 십자가 사건에서 찾는다. 그리스도인은 십자가에 달린 예수에게서 무엇을 보아야 하는가? '자기의'가 아닌 '하나님의 의'를 보아야 한다. 내 공로가 아닌 하나님의 은혜를 보아야 한다. 십자가를 통해서 내가 '죄인'이라는 것을 깨달아야 한다. 십자가 없이 구원받을 수 없는 죄인이라는 사실, 그렇기 때문에 내가 아무리 선을 행한다고 해도 그것이 나를 구원에 이르게 하지 못한다는 사실을 깨달아야 한다. 다른 한편으로 내가 '의인'이라는 사실을 깨달아야 한다. 비록 우리가 하잘것없는 존재일지 모르나, 하나님 보시기에는 천하보다도 귀한 존재라는 사실을 깨달아야 한다. 하나님께서는 당신의 외아들까지도 서슴없이 내어줄 만큼 우리를 그토록 사랑하신다는 사실을 십자가는 깨닫게 해준다.

십자가는 내가 죄인이요, 동시에 의인이라는 사실을 깨닫게 해준다. 그렇기 때문에 그리스도인은 십자가와의 관계성 속에서 자기 자신을 이해해야 한다. 우리가 항상 십자가를 쳐다보고 신앙생활을 해야 하는 이유가 여기 있다. 십자가 중심의 신앙, 십자가 중심의 말씀, 십자가 중심의 언행, 십자가 중심의 생활을 해야 한다. 내가 십자가와 바른 관계를 맺고 신앙생활을 한다면, 어떤 종류의 역경과 시험이 닥쳐도 극복할 수 있을 것이다.

내 자신의 문제, 가정의 문제, 교회의 문제는 어디에서 오는가? 모두 십자가 신앙을 떠난 데서 비롯된다. 십자가와 올바른 관계를 맺지 못한 데서 생긴다. 그리스도인은 모든 문제에 대한 해답을 십자가와 관계성 속에서 찾아야 한다. 나 자신이 누구인지 알고 싶을 때 십자가라는 거울에 자신을 비추어 보아야 하고, 가정에 문제가 생길 때 십자가를 쳐다보아야 한다. 교회에 문제가 생길 때도 십자가를 바라보며 해결책을 찾아야 한다. 세상일에 매어 십자가를 외면할 때 그리스도인의 삶에는 반드시 위기가 닥쳐온다. 바울은 갈라디아교회 교인들에게 질책한다. '십자가에 달리신 예수의 모습이 선한데 누가 여러분을 홀렸는가?' 누가 여러분을 십자가 신앙에서 떼어 놓으려 하는가라는 의미이다. 십자가 신앙에서 떠나 율법 신앙으로 돌아가려는 갈라디아교회 교인들을 향한 바울의 엄중한 경고임을 알 수 있다.

2절에서 바울은 갈라디아교회 교인들에게 성령을 어떻게 받았는가에 대해서 단도직입적으로 묻는다. "여러분이 성령을 받은 것은 '율법을 행했기'(eks ergon nomou) 때문인가, 아니면 (복음을) '듣고 믿어서'(eks akoes pisteos)인가?" 그리스도인은 무엇에 근거하여 성령을 받는가? 율법의 행함에 근거해서인가? 바울의 질문은 이미 대답을 전제하고 있다. 성령을 받는 것은 율법의 행함에 근거한 것이 아니라, 십자가의 복음을 '듣고 믿은' 결과라는 것이다. 이미 바울은 성령을 받는 것, 곧 사람이 의롭게 되는 것은 말씀을 듣고 믿음으로 된 것임을 강조하였다(2:16). '율법의 행함'과 '복음을 듣고 믿는 것'은 대립적인 관계로 설정되어 있음을 알 수 있다.

3절에서 바울은 거듭 갈라디아교회 교인들을 공박한다. "여러분은 그렇게도 어리석은가?" 왜 그들을 어리석다고 하는가? 그들이 지금 십자가 복음을 버리고 율법으로 돌아가려 하기 때문이다. 신앙생활에 있어서 그들의 일관성 없는 태도를 바울은 공박한다. "성령으로 시작하여, 이제는 육으로 끝맺으려고 하는가?" 바울은 여기에서 영(pneuma)과 육

(*sarks*)을 이원론적 콘텍스트에서 상호 대립적인 관계로 사용하고 있음을 알 수 있다.

신약성서에서 육(*sarks*)은 두 가지 의미로 사용된다. 첫째는 자연인으로서의 한계성을 지닌 인간 일반을 가리킨다(마26:41; 요1:14). 둘째는 죄의 본성으로서 욕망을 좇는 육적 자아를 가리킨다(롬7:18; 골2:23). 본문에서는 후자의 의미로 사용된다. 그리스도인은 성령으로 시작한 사람들이다. 그것은 육적 욕망에 사로잡혀서는 안 된다는 것을 의미한다. 영으로 시작된 것은 영으로 지속되어야 한다. 육으로 끝맺어서는 안 된다. "우리가 성령으로 생명을 얻었다면, 성령의 인도를 따라 살아야 할 것입니다."(갈5:25) "육을 따라 심는 사람은 육으로부터 썩을 것을 거두고, 영을 따라 심는 사람은 성령으로부터 영원한 생명을 거둘 것입니다."(갈6:8)

그러면 영으로 시작한다는 것은 무엇을 의미하는가? 하나님 은혜의 체험에서 시작하는 것이요, 거듭남의 체험에서 시작하는 것을 말한다. 처음으로 은혜체험을 하면, 살아도 좋고 죽어도 좋은 기분이다. 비록 가난하게 살아도 세상천지 부러울 것이 하나도 없다. 그러나 이러한 은혜체험에는 성서에 대한 올바른 지식이 바탕에 깔려야 한다. 그렇지 않으면 문제가 생긴다. 성서에 대한 체계적인 신학지식이 결여될 때 신앙은 맹목적이 된다.

"영으로 시작하여 육으로 마치겠느냐?" 무슨 말인가? 십자가 '복음'으로 시작하여 율법적인 '할례'로 끝맺겠느냐는 것이다. 오늘 우리 언어로 번역하면, 기쁨으로 시작하여 슬픔으로 끝내고, 은혜로 시작하여 율법으로 끝내며, 소망으로 시작했다가 절망으로 마치겠느냐는 것이다. 일반적으로 교인들 중 전도를 많이 하는 사람은 신앙생활을 오래 한 사람이라기보다는 오히려 짧게 한 사람일 경우가 많다. 예수 믿은 지 얼마 안 되는 사람은 단순하게 생각한다. 예수께서 십자가에 죽으심으로써 내 죄를 사해주셨다. 나는 구원받았다. 문자 그대로 믿는 것이다. 그러니 감격하게 된다. 이 감격으로 누구든지 붙들고 예수 믿으라고 권면하게 되니, 전도를 많이 하게 된다. 문제는 신앙생활을 오래 한 사람이다. 이들은 전도하지 못한다. 왜 그런가? 복잡하게 생각하고, 신경 쓰는 일이 많기 때문이다. 교회 정치, 교회 조직, 교회 직분 따위에 신경 쓰기 때문이다. 목사가 하는 일이 마음에 안 들고, 교회에서 섭섭한 일이 생기기 때문이다.

성령으로 시작하여 육으로 마치겠는가? 우리는 시종일관 믿음으로 밀고 나가야 한다. 믿음으로 시작해서 믿음으로 끝맺어야 한다. 은혜로 시작하여 은혜로 끝맺어야 한다. 도중에 곁길로 빠져서는 안 된다. 율법주의 신앙으로 돌아가고, 바리새파 신앙으로 돌아가서는 안 된다. 공로 신앙으로 돌아가도 안 된다. 영으로 시작하여 영으로 마쳐야 한다. 바울은 본문에서 교차 대조 구조를 사용함으로써 갈라디아교회 교인들의 어리석은 행위를 더욱 극명하게 보여준다.

4절에서 바울은 체험을 말한다. "여러분의 그 많은 체험(epathete)은 허사가 되었는가?" '에파쎄테'가 무엇을 뜻하는지 분명하지 않다. 이 개념은 '고난을 받다'를 뜻하는 '파스코'(pascho)에서 유래하였다(마17:12). 복음과 믿음을 지키기 위하여 로마인이나 유대인들로부터 받은 고난의 체험을 말한다. 이러한 복음을 받아들였음에도 불구하고 다시 율법 준수나 할례로 돌아간다면, 그동안 그들이 당한 고난의 체험들이 모두 무익하게 되는 것이 아닌가. 성령이 함께할 때 핍박과 환난 속에서도 우리는 어려움을 극복할 수 있다. 성령의 은사는 또한 삶 속에서 다양하게 체험되었다. 이와 같은 신앙체험을 하고서도 다시 율법주의 신앙으로 넘어간다는 것은 있을 수 없는 일이다.

바울은 5절에서 그가 변호해 온 주요논점을 확인시킨다. "여러분에게 성령을 주시고, 여러분 가운데서 능력을 행하시는 그는 율법의 행함에 의해서 그렇게 하십니까, 아니면 믿음의 선포에 의해서 그렇게 하십니까?" 갈라디아교회 교인들이 체험한 성령의 은사와 능력의 체험은 어디에서 오는 것인가? 그들이 복음을 받아들이고 예수를 그리스도로 고백하는 것 자체가 성령의 역사가 아니고는 불가능하다. 그들은 성령의 능력으로 기적을 행한다. 그것은 성령이 그들 가운데서 활동 중이라는 사실에 대한 증거이다. 성령은 그리스도께서 '지금—여기'(here and now)에서 우리와 함께하고 계신다는 증거이다. 성령의 능력 안에서 우리는 그리스도의 현존을 체험하게 된다.

제 12 강
아브라함의 믿음

6. 그것은 아브라함이 '하나님을 믿었더니, 하나님께서 그것을 그에게 의로움으로 여겨주신 것'과 같습니다. 7. 그러므로 여러분은 믿음으로 사는 사람들이 아브라함의 자손임을 아십시오. 8. 또 성경은 하나님께서 이방 사람을 믿음으로 의롭게 하여 주실 것을 미리 알고서 아브라함에게 '모든 민족이 너로 말미암아 복을 받을 것이다' 하는 기쁜 소식을 미리 전하였습니다. 9. 그러므로 믿음으로 사는 사람은 믿음을 가진 아브라함과 함께 복을 받습니다. 10. 율법의 행위에 의지하는 사람은 누구나 다 저주 아래 있습니다. 기록된 바 '율법책에 기록된 모든 것을 지키지 않는 사람은 다 저주 아래 있다' 하였습니다. 11. 하나님 앞에서는 아무도 율법으로 의롭게 되지 못한다는 것이 분명합니다. '의인은 믿음으로 살 것이다' 하였기 때문입니다. 12. 그러나 율법은 믿음에서 생긴 것이 아닙니다. 오히려 '율법을 지키는 사람은 율법으로 살 것이다' 하였습니다. 13. 그리스도께서 우리를 위하여 저주를 받은 사람이 되심으로써 우리를 율법의 저주에서 속량해 주셨습니다. 기록된바 '나무에 달린 사람은 모두 저주를 받은 사람이다' 하였기 때문입니다. 14. 그것은 아브라함에게 내리신 복을 그리스도 예수 안에서 이방 사람에게 미치게 하시고, 우리로 하여금 믿음으로 말미암아 약속하신 성령을 받게 하시려는 것입니다.(갈3:6 - 14)

　우리가 믿음을 통해서 의롭게 된다는 사실을 바울은 아브라함의 신앙을 예(exemplum)로 들어 설명한다. 유대교에 따르면, 아브라함의 믿음은 그의 행위와 결코 모순되지 않는다. 오히려 하나님의 약속에 대한 굳은 믿음이 그의 행위의 도움을 받아 의(義)를 이루게 한다. 야고보는 믿음과 행위 사이의 '상호 보완적인 관계'를 말한다.(참조, "우리 조상 아브라함이 자기 아들 이삭을 제단에 바침으로써 행함으로 의롭게 된 것이 아닙니까? 당신이 보는 대로, 믿음이 그의 행함과 함께 작용을 한 것입니다. 그러므로 행함으로 믿음이 완전하게 되었습니다":약2:21-23)

　야고보서는 행함이 없는 믿음은 그 자체가 죽은 믿음이라고 선언하였다(약2:17). 왜 그런가? 당시 신앙 하나만 있으면 다 된다는 신앙 지상주의가 기독교 복음의 본질을 흐려놓았기 때문이다. 당시 믿음으로 구원을 얻었다고 하는 그리스도인들의 신앙생활에는 두 가지 삶의 처세가 나타났다. 한편에서는 현실과 높은 담을 쌓고 신앙의 도피성 안에서 안주하려는 현실도피적인 신앙생활을 하는 경향이 나타났고, 다른 한편으로는 세속주의와 적당히 타협하면서 방종과 무질서 속에서 신앙생활을 하는 자들이 나타났다. 이들을 향하여 야고보는 행위 없는 믿음, 곧 책임이 뒤따르지 않는 믿음이 가지는 허구성을 비판했던 것이다.

야고보서와 다르게 바울은 하나님의 약속에 대한 아브라함의 믿음과 유대교 율법에 대한 복종을 구별한다. 아브라함 시대는 율법이 존재하지 않았다는 것이다(갈3:17). 바울에 따르면 아브라함의 믿음은 하나님의 약속에 대한 신뢰 외에 다른 것이 아니다. 이러한 근거하에서 그는 믿음을 율법의 행함에 대립되는 것으로 설명한다. 아브라함은 율법신앙(유대계 기독교)의 조상이 아니라 믿음신앙(이방계 기독교)의 원조가 된다는 것이다.

아브라함은 어떻게 믿음으로 구원을 얻게 되었는가? 하나님께서 아브라함에게 아들을 주시겠다고 약속한다. 그런데 24년을 기다려도 약속이 이루어지지 않는다. 하나님께서 아브라함에게 나타나셔서 내년에 아들을 주겠다고 한다. 아브라함은 이미 늙었고, 아내 사라는 단산한 지 오래다. 그럼에도 불구하고 아브라함은 하나님의 약속이 이루어질 것을 믿었다. 이러한 아브라함의 믿음이 결실을 맺게 된다. 그는 100세가 되어서 아들 이삭을 얻게 된 것이다.

바울은 창세기 5장 6절을 인용한다. "아브라함은 하나님을 믿어, 그것으로 의롭다함을 얻었습니다." 아브라함은 스스로 나이가 많고 부족하다는 것을 알면서도 하나님의 약속이 이루어질 것을 어떤 조건을 달지 않고 믿었다. 그 믿음은 의로운 자의 믿음이 아니다. 불의한 자를 의롭게 하시는 하나님을 믿는 믿음이다(롬4:5). 죽은 자를 살리시는 하나님 그리고 없는 것을 있는 것같이 불러내시는 하나님을 신뢰하는 믿음이다(롬4:17). '불가능한 가능성'(impossible possibility)을 믿는 믿음인 것이다. 불가능한 가능성으로서의 아브라함의 믿음이 그를 의롭게 했다는 것이다.

7절에서 바울은 단도직입적으로 말한다. "그러므로 여러분은 믿음으로 사는 사람이야말로, 아브라함의 후손이라는 것을 알아야 하겠습니다." 혈

육의 DNA를 통한 후손이 아니라 믿음의 DNA를 통한 후손이 된다. 여기서는 '믿음으로 사는 사람'(*hoi ek pisteos*)과 '아브라함의 자손'이 동일시된다. 왜 그런가? 그들은 아브라함이 믿었던 것과 동일한 믿음을 갖고 있기 때문이다. 그러므로 율법을 행함으로가 아니라 '믿음으로 사는 사람'은 믿음의 조상 아브라함과 함께 '복을 받게 된다'(*eulogountai*).

반면에 그렇지 않은 사람들, 곧 '율법으로 사는 사람'(*hoi ek nomon*)은 저주 아래 있게 된다(10절). 율법의 행함이 율법을 완성시킬 수 있는가? 바울은 이를 부정한다. 율법이 시내산에서 주어진 목적은 무엇인가? 구원을 받게 하기 위해서인가? 그렇지 않다. 그것은 이스라엘 민족의 '범죄 때문에' 주어진 것이다.

니그렌(Nygren)은 「아가페와 에로스」라는 책을 썼다. 아가페가 하나님으로부터 우리를 향하여 오는 사랑을 말한다면, 에로스는 인간이 하나님을 향하여 나아가는 사랑을 뜻한다. 아가페는 조건 없는 사랑을 말하고, 에로스는 조건적 사랑을 말한다. 내가 상대방을 사랑한 만큼, 상대방으로부터 그 대가를 받아내려는 것이 에로스이다. 받을 것을 전제로 주는 에로스 사랑이 율법적인 성격을 지닌다면, 조건 없이 주는 아가페 사랑은 은혜의 성격을 갖는다. 율법을 행함으로 의로움에 이르려는 공로신앙이 에로스라면, 십자가 사랑을 통해서 우리를 대가 없이 의롭게 하시는 은혜신앙은 아가페의 전형이다.

우리에게는 신앙생활을 하는 데 있어서 두 가지 길이 있다. 율법의 의를 통하여 사는 길이 있고, 신앙의 의를 통해서 사는 길이 있다. 우리는 신앙생활을 하는 가운데 나도 모르는 사이에 율법주의 신앙에 길들여지는 경우가 있다. 그리하여 자기 의(공로)를 통해서 하나님 앞에 나아가려고 한다.

11절에서 바울은 인간이 율법을 행함으로 의롭게 될 수 없다는 사실을 하박국서를 인용하여 주장한다. "의인은 믿음으로 살리라"(*ho dikaios ek pisteos zesetai*)(합2:4). 이 구절은 앞서 살펴본 창세기15장5절("아브라함이 하나님을 믿었더니, 하나님께서 그를 의롭게 여기시고")과 더불어 칭의신학의 주요한 구약성서적 논거가 된다. 의로운 사람은 믿음에서 나오는 힘으로 산다는 뜻으로 해석될 수 있고, 다른 한편으로 믿음에 의해서 의롭게 된 사람은 죽지 않고 살 것이다로 해석될 수 있다.

마태복음 20장에 보면 포도원 품꾼에 관한 비유 이야기가 나온다(1-16절). 어느 날 포도원 주인이 장터에 나가 일이 없어 놀고 있는 날삯 노동자들을 불러 농장에 와서 일을 하도록 배려한다. 9시, 12시, 3시, 5시에 나가보니 여전히 실업자들이 있어, 그들도 와서 일하도록 배려하였다. 저녁이 되어 품삯을 계산하는데, 주인은 맨 나중에 온 사람으로부터 똑같이 한 데나리온씩 지불하였다. 먼저 온 사람들은 마지막에 온 사람과 똑같은 품삯을 받고, 이에 항의한다. "이것은 불공평한 처사가 아닌가?" 주인이 말한다. "처음에 약속한 것이 한 데나리온이 아니냐? 너희는 너희 것이나 받아가지고 가라." 우리는 이 비유에서 두가지 서로 다른 가치를 읽을 수 있다. 율법적 가치와 은혜적 가치가 그것이다. 더 많이 일했으니, 더 많이 받아야 한다는 논리는 율법주의적 발상이다. 노동시간에 따라 차등 지급하지 않고, 필요한 만큼 동일하게 임금을 지불하는 것은 은혜적 질서이다.

13절에서는 '그리스도께서 우리를 위하여 저주(*katara*)를 받았음'을 말한다. 헬라어 '카타라'는 저주를 뜻하는데, '게노메네스 카타라'는 '저주를 받다'라는 의미보다는 '저주 자체가 되었다'에 더 가깝다. 예수께서는 우리를 위해서 스스로 저주 자체가 되었다는 것이다. 왜 그랬는가? 우리를 율법의 저주로부터 속량(*eksegorasen*)하기 위해서다. '엑세고라센'은 값을 대신 지불하고 구입하는 것을 의미한다. 예수께서 스스로 저주 자체가 되어 값을 지불함으로써 우리를 저주와 죄로부터 해방시켰다.

죄 값은 사망이라고 했다. 그러니 죄인은 저주받아야 마땅하다. 그러나 죄가 없으신 예수께서 저주를 받았다면, 이와 반대로 죄 없으신 예수의 죽음을 통해서 죄인은 저주로부터 해방된다는 논리도 성립된다. 어떻게 가능한가? 죄가 없으신 하나님의 아들이 저주를 받아 십자가에 달려 죽음으로써이다. 죄 없는 의인이 죄인처럼 간주되어 십자가에 달려 저주받아 죽었다면(고후5:21), 그 결과로 우리는 율법의 저주로부터 해방되어 놓여나게 된 것이다.

예수 그리스도는 본래 율법 아래 있지 않으셨으나 스스로 율법 아래 있음으로써 율법 아래 있는 자들을 자유하게 하셨다(갈4:4). 또한 그리스도께서는 본래 원시종교 아래 있지 아니했으나, 스스로 십자가를 짐으로써 원시종교 아래 있는 자들을 하나님의 아들, 곧 양자로 삼을 수 있게 하셨다(갈4:9). 자유를 준다는 것과 양자로 삼는다는 것은 동일한 의미를 지닌다. 그것은 모두 성령의 은사이다. 유대인들이 율법의 저주 아래 있었다면, 이방인들은 세상의 원시종교 아래 있었다. 이 운명의 굴레로부터 인간을 해방하기 위해서 하나님은 예수를 세상에 보내셨다.

여기서 우리는 예수의 화작(化作)사상을 볼 수 있다. 예수는 본래 하나님의 성품을 지닌 분이었다. 그런데 그 신적인 성품을 비어내고(空) 인간이 되셨다. 무한자가 스스로 유한자가 된 성육신(incarnation) 사건이 곧 예수의 화작사건이다. 하나님은 스스로 인간의 형상으로 화작함으로써 인간을 구원할 수 있는 길을 마련하였다.

제 13 강

율법의 습관

15. 형제자매 여러분, 일상생활에서 예를 들어서 말하겠습니다. 사람 사이에 한 번 언약을 맺으면, 아무도 그것을 무효로 하거나, 거기에다가 어떤 것을 덧붙일 수 없습니다. 16. 그런데 하나님께서 아브라함과 그 자손에게 약속을 하여 주실 때에, 여러 사람을 가리키는 말로 '자손들에게' 를 쓰시지 않고, 오직 한 사람을 가리키는 말로 '너의 자손에게' 라는 말을 쓰셨습니다. 17. 내가 말하려는 것은 이것입니다. 하나님께서 이미 맺으신 언약을, 사백삼십년 뒤에 생긴 율법이 이를 무효로 하여 그 약속을 폐할 수는 없습니다. 18. 그 유업이 율법에서 나온 것이면, 그것은 절대로 약속에서 나온 것이 아닙니다. 그러나 하나님께서는 약속을 통하여, 아브라함에게 유업을 은혜로 거저 주셨습니다.(갈3:15 – 18)

15절에서 바울은 갈라디아 성도들을 '형제자매들'(*adelphoi*)라고 부른다. 앞 장에서 갈라디아 성도들을 '어리석은 사람들'이라고 책망할 때보다는 감정이 훨씬 부드러워진 것을 알 수 있다. 이제 바울은 격앙된 마음을 가라앉히고 차분한 마음으로 아브라함의 예를 들어 믿음으로 의롭게 되었음을 설명한다.

일반적으로 구약시대에는 율법(토라)을 행함으로 구원받고, 신약성서 시대에는 믿음으로 구원받으며, 교회시대에 속하는 오늘날은 성령으로 구원받는다고 생각하는 사람들이 있다. 구약은 성부의 시대이고 신약은 성자의 시대이며 지금은 성령의 시대라고 말하는 사람들도 있다. 그래서 성령의 시대에 살고 있는 우리에게 중요한 것은 성령체험이라고 강조한다. 성령세례를 구원조건으로 내세우는 교파들도 있다. 그러나 그렇지 않다. 성경이 말하는 진리는 시대에 따라 변하지 않는다. 특히 구원에 있어서는 더욱 그러하다.

우리는 구원을 흔히 이분법적으로 생각하기 쉽다. 은혜와 율법을 상호 대립적이거나, 아니면 양자택일적으로 생각하는 경향이 있다. 갈라디아교회에 있는 바울의 반대자들은 양자를 대립적으로 이해하려고 한

다. 그들은 율법이야말로 하나님의 최고 법이기 때문에, 그것을 무효화
시킬 법은 없다고 주장한다. 은혜와 믿음도 율법 밑에 종속시켜야 한다
는 입장을 그들은 고수하며 신앙생활을 하였다.

　이러한 입장을 바울은 정면 반박한다. 구원은 본래 예수 그리스도의
십자가 사건을 하나님의 구원사건으로 믿는 믿음에 근거한다는 것이다.
믿음으로 구원에 이른다는 사상은 기독교 신앙의 상수(常數)에 해당한
다. 시공을 넘어서 과거나 현재나 미래에도 변하지 않는 것이 진리이
다. 믿음을 통한 구원신앙의 불변성을 바울은 구약성서의 빛에서 우리
에게 설명한다.

　율법은 본래부터 있었던 것이 아니다. 아브라함에서 볼 수 있듯이
믿음과 은혜가 앞서 있었다. 은혜와 믿음이 바로 받아들여지지 아니하
였기 때문에, 부득불 주어진 것이 율법이다. 율법의 기능은 무엇인가?
율법은 우리를 믿음과 은혜로 인도하는 가정교사 역할을 한다. 그러므
로 율법은 은혜와 믿음의 지평에서 이해되어야 한다.

　15절에서 바울은 은혜와 율법이 가지는 성격을 우리가 일상생활에서
경험하는 법률의 예를 들어 설명한다. 사람 사이에도 한 번 약속을 하
면, 그것을 일방적으로 폐기처분하거나 거기에 무엇을 덧붙일 수 없다.
여기에서 '언약'(言約)으로 번역된 '디아쎄케'(diatheke)는 법률상의 효
력을 갖는 전문용어인 '계약'(히브리어로는 berit) 또는 '약속'의 성격을
지닌다. 일상적인 법률상식에 따라 일단 약속을 하거나 계약을 맺으면
그것은 법적 효력을 갖기 때문에 일방적으로 파기될 수 없다.

　16절에 보면 하나님께서는 아브라함과 '약속'(epangelia)하신 것을
알 수 있다. 무슨 약속인가? "내가 네 자손으로 땅의 티끌과 같게 하
리니……"(창13:16). 자손을 번창하게 해 주겠다는 약속이 첫째이다.
"내가 너와 네 후손에게 너의 우거하는 이 땅, 곧 가나안을 영원한 기
업으로 주리라."(창17:7-8) 땅(土地)의 약속이 둘째이다. "또 네 씨로

말미암아 천하 만민이 복을 얻으리니……"(창22:18) 이스라엘 민족으로 인해 이방인이 복 받을 것이라는 약속이 셋째이다. 이 세 가지 약속은 하나님께서 아브라함과 그 후손들에게 주신 것이다.

아브라함은 이 약속을 믿고 고향과 친척을 떠나 미지의 세계로 나아 간다. 아브라함의 떠돌이 삶에는 몇 차례에 걸쳐 위기가 닥쳐온다. 그 럼에도 불구하고 아브라함은 약속이라는 희망의 끈을 놓지 않고 믿음 과 순종으로 대처한다. 하나님의 약속은 파기될 수 없고, 폐기처분될 수 없다. 아브라함의 이러한 경험은 성서에서 거듭 반복되어 나타난다.

성서에는 많은 약속들이 있다. 큰 약속, 작은 약속, 십계명의 약속, 심령적인 약속, 물질적 약속들로 가득 차 있다. 우리가 그 약속들을 신 실하게 지킬 때, 하나님께서는 반드시 이루어주신다. 너희는 먼저 하나 님의 나라와 그 의를 구하라고 한다. 그리하면 나머지 것들을 곁들여 주신다고 했다(마6:33). 이것은 주님께서 제자들에게 주신 약속이다. 십 일조를 온전하게 바쳐라. 그리하면 내가 하늘 문을 열고 너희에게 복을 쌓을 곳이 없도록 내려주실 것이다(말3:10). 이는 야훼 하나님께서 이 스라엘에게 주신 약속이다. 이러한 약속들은 모두 우리에게 주시는 것 들이다. 이를 믿고 실천한다면, 그 약속들을 하나님께서는 반드시 이루 어주실 것이다. 하나님은 당신의 약속을 절대로 폐기처분하지 않으신다.

16절에서는 아브라함을 예로 든다. 하나님은 아브라함과 그의 후손 에게 약속들을 주셨다는 것이다. 하나님께서 아브라함과 맺은 '계 약'(berit) 가운데는 약속이 포함되고 있는데, 앞서 살펴본 바와 같이 후손의 축복과 땅의 축복에 대한 약속이 그것이다. 그런데 그 약속들이 '후손'(sperma)에게 주어졌다는 것이다. 복수 '후손들'이 아니라, 단수 '후손'으로 쓰여졌음에 바울은 주목한다. 단수 '스페르마'에 근거하여 바울은 먼저 유대교의 전통적인 해석을 거부한다. 단수를 사용하고 있 는 것으로 보아 이스라엘 백성 전체를 염두에 두고 있지 않음이 분명하다는 것이다. 단수 '스페르마'가 구약에서는 다른 후손들이 아닌 이삭을 말하며, 이스라엘 백성 전체를 지칭하고 있지 않다. 그렇다면 신약성서에서는 무엇을 상징하는가? 바울은 예수 그리스도를 지칭한다고 보았다. 동시에 본문에서 후손은 유대인이나 이방인을 차별하지 않고 예수 그리스도 안에서 믿음으로 사는 사람들 모두를 가리킨다. 은혜의 약속을 따라 사는 그리스도인 전체를 가리켜 후손이라고 하였다.

17절에서는 '언약'(diatheke)과 '율법'(nomos)의 선후관계를 분명히 밝힌다. 아브라함이 하나님으로부터 언약을 받은 지 430년 후에 율법은 시나이산에서 모세에게 주어졌다(출12:40). 언약이 먼저 주어졌다면, 율법은 나중에 주어졌다. 율법은 넓은 의미에서 구약성서 전체를 가리키지만, 좁은 의미에서는 모세 5경을 가리킨다. 더 좁게는 십계명을 가리킨다. 본문에서는 물론 좁은 의미에서 사용되고 있다. 율법주의 신앙을 가진 자들은 시나이산에서 주어진 토라로 말미암아 아브라함에게 주어진 약속이 취소될 수도 있다고 주장하였다. 바울은 이들의 이러한 주장을 정면 거부한다. 율법이 모세에 의해서 주어졌다면 언약은 아브라함에 의해서 주어졌다. 율법이 주어졌다고 해서 그보다 앞선 언약이 폐기처분될 수 없다.

바울은 모세를 통해서 주어진 율법이 하나님께서 아브라함에게 주신 은혜의 약속을 파기할 수 없다는 입장을 분명히 한다. 율법이 약속을 헛되게 할 수 없다는 것이다. 율법은 왜 주어졌는가? 율법은 은혜의 약속에서 떠난 자에 대한 경고요, 동시에 그 약속으로 돌아오게 하기 위한 도구로 주어졌다. 따라서 모세의 율법도 아브라함에게 주어진 약속과 은혜의 틀 안에서 이해되어야 한다는 것이다.

부모와 자식의 관계는 항상 은혜와 믿음의 틀에서 이해되어야 한다. 자녀를 키우면서 부모는 때로는 칭찬하기도 하고, 상을 주기도 한다. 그러나 자식이 잘못된 일을 저지를 때에는 꾸중도 하고 매를 들기도

한다. 자녀는 칭찬하거나 좋은 것을 줄 때는 부모가 자기를 사랑하는 것이고, 매를 들 때에는 미워하는 것이라고 이분법적으로 생각하기 쉽다. 그래서 부모한테 매를 맞은 후 가출하는 아이들도 있다. 은혜의 틀에서 이해해야 한다는 것은 무슨 뜻인가? 칭찬할 때도 사랑하는 것이요, 매를 들 때도, 그것이 사랑의 행위라고 이해하는 것이다. 꾸중과 벌도 전적인 신뢰와 사랑 안에서 이해하는 것을 뜻한다.

18절에서는 만약 하나님께서 아브라함에게 주신 유업, 곧 후손에게 주겠다고 약속한 축복이 율법을 잘 지켜 얻을 수 있는 것이라면, 그것은 하나님의 은혜의 약속에서 난 것이 아니라고 말한다. 유업으로 번역된 '클레로노미아'(kleronomia)는 원래 상속을 뜻한다. 상속은 하나님의 구원활동에서 획득되는 모든 것을 포함한다. 하나님께서 아브라함에게 주신 상속은 약속의 형태로 주어진 것이기 때문에 오직 믿음을 통해서 선물로 받을 수 있을 뿐이다.

그런데 만약 상속이 율법의 행업을 통해서 그 대가로 획득되어지는 것이라면, 은혜의 약속은 아무 효력을 발휘할 수 없을 것이다. 아브라함이 토라 없이 축복의 약속을 받았다면 그 약속은 무엇에 기초한 것인가? 바울은 결론적으로 말한다. 그것은 은혜(charis)에 기초한 것이다. 은혜라는 말에는 '값없이 받는 선물'이라는 의미가 포함되어 있다. 귀중한 것일수록 값을 매길 수 없다. 대가를 바라고 주는 선물은 더 이상 선물이 아니다, 그것은 뇌물이다. 우리는 아무런 값을 치르지 아니하고 구원을 선물로 받았다는 것이다. 이를 바울은 거저 받은 구원이라는 말로 나타내기도 한다(엡1:6).

여기에서 우리가 한 가지 짚고 넘어가야 할 것이 있다. 하나님의 은혜는 반드시 믿음이라는 통로를 거쳐야 주어진다는 것이다. 예수 그리스도의 십자가 사건이 우리를 구원하신 하나님의 은혜사건이라는 믿음을 우리는 가져야 한다. 이 믿음이 구원의 확실한 통로라는 사실을 깨

달아야 한다. 예수 그리스도를 믿는 믿음으로써 선사되는 구원은 하나
님께서 아브라함에게 주신 언약의 핵심이고 구원의 원리이다.

제 14 강
토라의 목적

19. 그러면 율법은 무엇 때문에 주셨습니까? 그것은 약속하신 자손이 오실 때까지 죄를 밝히시려고 덧붙여 주신 것입니다. 그리고 그 율법은 천사들을 거치고, 중재자의 손을 거쳐서 제정하신 것입니다. 20. 그런데 그 중개자는 한쪽에만 속하여 있는 것은 아닙니다. 그러나 하나님은 한 분이십니다. 21. 그렇다면 율법은 하나님의 약속과는 반대되는 것입니까? 그렇지 않습니다. 주어진 율법이 사람을 살릴 수 있는 것이었다면, 의롭게 됨은 분명히 율법에서 생겼을 것입니다. 22. 그러나 성경에 보면 모든 것이 죄 아래 갇혀 있다고 합니다. 그것은 약속하신 것을 예수 그리스도를 믿는 믿음에 근거하여, 믿는 사람들에게 주시려고 한 것입니다. 23. 믿음이 오기 전에는 우리가 율법의 감시를 받으면서, 장차 올 믿음이 나타날 때까지 갇혀 있었습니다. 24. 그래서 율법은 그리스도께서 오실 때까지 개인교사 역할을 하였습니다. 그것은 우리로 하여금 믿음으로 의롭게 하여 주심을 받게 하시려고 한 것입니다. 25. 그런데 믿음이 이미 왔으므로 우리는 이제 개인교사 밑에 있지 않습니다.(갈3:19 - 25)

　19절에서 바울은 먼저 토라가 무엇 때문에 주어졌고 그 역할이 무엇인가에 대해서 조목조목 다룬다. 첫째는 죄 때문에 덧붙여 주신 것이요, 둘째는 천사를 통하여 중재자의 손을 거쳐 제정되었으며, 셋째는 약속된 후손이 오실 때까지 그 기능을 발휘한다는 것이다.

　죄 때문에 덧붙여진 것이 율법이라면, 율법은 죄지음으로 인해 생겼다는 것을 의미한다. "죄 지음"으로 번역된 헬라어 '파라바시스'(*parabasis*)는 원래 '곁길로 가다' 또는 '테두리를 벗어나다'를 뜻한다. 어떤 한계 안에 머물러 있게 하기 위하여 율법이 제정되었고, 그 한계를 벗어나면 율법을 어기는 것이 된다. '덧붙여지다'로 번역된 프로스티테미(*prostithemi*)는 어떤 것에 추가적으로 부과되는 것을 뜻한다.

　한계를 넘어가지 못하도록 제재를 가하는 것이 율법이다. 인간의 도덕적 행위의 규범과 한계를 율법이 정해놓는다. 그 한계를 넘어가지 못하도록 만들어 놓은 것이 율법이다. 살인하지 말라. 간음하지 말라. 도적질 하지 말라. 거짓증거 하지 말라. 왜 이런 율법을 주어졌는가? 살인을 하고, 간음과 도적질을 하며, 거짓증거를 하기 때문이다. 율법은 인간이 죄를 거듭 짓기 때문에 이를 방지하기 위해서 약속에 덧붙여

준 것이다. 율법은 죄를 깨닫게 하기 위해 주어진 것이다.

율법은 우리에게 죄를 깨닫게 해준다. 그러나 율법으로 죄를 씻지는 못한다. 율법으로 구원을 얻지 못한다. 그러나 율법이 좋은 점이 있다. 율법 앞에서 인간은 겸손해지고, 자기의 한계성을 깨닫게 되기 때문이다. 율법으로 인해서 남을 비판하는 마음이 사라지고, 하나님의 자비를 구하는 마음이 생기게 된다.

둘째로 율법은 천사들을 통해서 중재자의 손을 빌어 주어진 것이다. 유대인들은 율법이 어떤 경로를 통해서 주어졌다고 생각하는가? 인간은 하나님을 볼 수도 없고, 그 음성을 들을 수도 없다. 하나님을 만나면 인간은 죽는다. 그런데 모세가 율법을 받기 위해서 시나이산에 올라갔다. 모세는 하나님을 직접 만나서 율법을 받은 것이 아니다. 하나님께서 율법을 수여하실 때 천사들이 호위하였다(참조, 신33:2.3). 중재자는 모세를 가리킨다. 모세는 하나님과 이스라엘 백성 사이에서 중재자 역할을 한다. 율법은 모세라는 한 중재자의 손에 의하여 주어진 것이지만, 복음은 이와 다르다. 예수 그리스도를 통하여 하나님께서 직접 주신 것이 복음이다. 가치와 비중에 있어서 차이가 있을 수밖에 없다. 그리스도를 통해서 그리고 성령의 감동으로 직접 주어진 것이 은혜이다. 은혜와 사랑은 직접적이요, 원천적이며, 본래적이다.

셋째로 바울은 율법의 유효기간을 말한다. "약속하신 자손이 오시기까지"이다. 약속하신 자손은 누구인가? 예수 그리스도이다. 예수 그리스도는 율법의 끝이다. 이러한 견해는 유대교 교리와 충돌한다. 정통 유대교에 따르면, 하나님께서는 이스라엘을 영생으로 인도하기 위해서 토라를 주셨다(지혜8:4). 유대교 전통이 강한 마태복음도 율법에 대하여 바울과 다른 입장을 취한다. "내가 진정으로 너희에게 말한다. 천지가 없어지기 전에는 율법은 일점일획도 없어지지 않고, 다 이루어질 것이다."(마5:18) 그러나 바울의 입장은 단호하다. 율법은 생명으로 인도하지도 않으며, 그리스도께서 오심으로 율법의 역할은 끝났다.

21절에서 바울은 그렇다면 "율법이 하나님의 약속들을 거스르는 것이냐"고 반문한다. 그럴 수 없다는 것이다. 율법은 하나님의 약속을 거스르는 것이 아니라, 약속을 어기는 사람들로 하여금 그들의 죄를 깨닫게 한다는 것이다. 우리가 율법을 다 지킬 수 있는 능력이 있다면, 우리는 율법을 통하여 구원 얻을 수 있을 것이다. 우리가 율법을 다 지킬 수 없기 때문에, 율법으로 구원을 얻을 수도 없고 의롭게 될 수도 없다.

22절에서 바울은 "성경이 모든 것을 죄 아래 가둬 놓았다"고 말한다. 로마서에서 바울은 "모든 사람이 죄를 범하였으매 하나님의 영광에 이르지 못한다"고 선언한다(롬3:23). 죄 아래 가두어 놓는 것은 그리스도가 오시기까지 기간에 해당하는 잠정적인 현상일 뿐이다.

23절에서 바울은 우리가 "믿음이 오기 전에 율법의 감시를 받으며 갇혀있다"고 말한다. 바울은 '율법의 시대'와 '믿음의 시대'를 구분한다. 예수 그리스도께서 오심으로써 율법의 시대가 끝났고, 믿음의 시대가 열렸다. 구약시대에는 믿음과 은혜는 단지 약속으로써 주어졌는데, 그것은 아브라함과 몇몇 특정한 예언자들에게 주어졌을 뿐이다. 그런데 그리스도께서 오심으로 은혜와 믿음은 시간과 공간을 초월하여 온 인류에게 개방되었다. 율법의 시대는 인간을 율법의 저주 아래 감금시켰고(갈3:10), 원시종교의 노예상태로 있게 하였다(갈4:1-10). 예수 그리스도께서 오심으로써 비로소 인간은 율법의 저주와 원시종교의 노예로부터 해방되어 자유로운 존재가 될 수 있었다.

24-25절은 이 부분에 대한 결론이다. "율법은 우리가 믿음으로 의롭다함을 얻게 하려고, 우리를 그리스도 때까지 인도하는 몽학선생 노릇을 했다." 해석하기 어려운 구절이다. 몽학선생으로 번역된 헬라어 '파이다고고스'(paidagogos)는 후견인 또는 가정교사를 뜻한다. 이 명칭

은 헬라인들이나 로마인들 사이에서 귀족계급에 속하는 10살 미만의 어린이들에게 엄격한 예절교육과 품행을 가르치는 노예들을 가리킨다. 그의 임무는 아이를 불량배들로부터 보호하고, 잘못된 길로 빠지지 않도록 감독하고 교육하는 일이었다. 바울은 파이다고고스를 한시적이고 제한적인 의미로 사용한다. 아이들이 자라나 성인이 되면 그들의 역할은 완전히 끝나게 된다는 것이다.

교육을 뜻하는 '파이데이아'(*paideia*)가 여기에서 유래하였는데, 그것은 원래 회초리를 가지고 엄하게 교육시키는 것을 뜻한다. 미성숙한 어린아이를 교육하기 위해서 회초리가 필요하듯이, 성숙하지 못한 신앙인에게 율법(몽학선생)이 필요하다. 율법은 미성숙한 신앙인을 엄하게 교육시키지만, 때가 되면 그들을 예수에게로 인도한다는 것이다. 율법이 미성숙한 어린아이를 지도하는 가정교사와 같은 기능을 한다. 그렇다고 해서 율법이 은혜나 믿음에 반대되는 것은 아니다. 비록 한정적이고 잠정적인 것이기는 하지만 율법은 우리를 그리스도에게로 인도하는 기능을 한다는 점에서 유용한 것이다.

25절에서는 말한다. "믿음이 왔으므로, 이제 우리는 몽학선생(가정교사)의 지배를 받지 않게 되었다." 믿음이 왔다는 것은 그리스도의 오심을 뜻한다. 그리스도가 오심으로써 우리는 더 이상 율법 아래 있지 않다는 것을 뜻한다. 왜 그런가? 모든 믿는 사람에게 의롭다함을 얻게 할 목적으로, 그리스도께서 율법의 마지막이 되셨기 때문이다.

이제 그리스도께서 오신 후에는 우리가 가정교사인 율법에 매어 살 필요가 없게 되었다. 율법이 가정교사 노릇을 한 것은 어디까지나 믿음이 오기 전 일이다. 그리스도께서 오셔서, 우리 죄를 속량해 주셨고, 우리는 그를 믿음으로 의롭다 인정을 받게 되었다. 그러니 우리는 더 이상 율법에 매어 살 이유도 필요도 없게 되었다. 그런데 이미 예수 그리스도를 믿음으로 의롭다 인정받은 갈라디아 교인들의 현재 신앙상태는 어떠한가? 다시 바울의 반대자들에 미혹되어 은혜신앙을 저버리고 가정교사인 율법신앙으로 돌아가려고 하지 않는가?

오늘날도 이런 교인들이 있다. 헌금을 예로 들어보자. 헌금은 하나님께 드리는 것이다. 기쁜 마음으로, 감사한 마음으로 드려야 한다. 은혜 안에서 그리고 마음에서 우러나와서 드려야 한다. 벌 받지 않을까봐 두려운 마음에서 드리거나, 아니면 다른 사람을 의식해서 생색내기 위하여 헌금을 드린다면, 그러한 신앙은 아직 유아기 신앙상태에 머물러 있는 것이다. 헌금할 때, 기명(記名)으로 해야 하는가 아니면 무기명(無記名)으로 해야 하는가? 어느 쪽이 헌금이 많이 나올까? 헌금은 하나님께 드리는 것인데, 하나님이 아시면 그것으로 만족해야 한다. 헌금자 명단을 굳이 주보에 기록하여 사람들에게 알리기를 좋아하고, 이름이 빠졌을 경우 섭섭해 한다면, 그런 사람의 신앙상태는 아직 가정교사인 율법 아래 있는 증거요, 바리새파의 형식주의 신앙에 빠질 우려가 다분히 있음을 알아야 한다.

헌금을 드리거나 봉사를 할 때 이름 없이 생색내지 않고 하기를 좋아한다면, 그 사람의 신앙은 상당한 수준에 이른 것이다. 주님께서도 산상설교에서 "오른 손이 하는 일을 왼손이 모르게 하라……"고 하셨다(마6:3-4). 내 소유 가운데 내 것이 있는가? 아무것도 없다. 내 것을 하나님께 드리는 것이 아니다. 이웃의 것을 이웃에게 돌리는 것이다. 신앙적으로 표현하면 하나님의 것을 하나님께 드리는 것이다. 헌금을 드린다고 해서 생색낼 일이 없다. 자랑할 일이 아니다. 선을 행하거나 자선을 베풀고 나서 그 사실을 잊어버려야 한다. 헌금을 드리고 나서도 마찬가지다. 하나님께 드렸다는 사실을 잊어야 그것이 영과 진리로 드리는 예물이 된다. 그래야 혹시 나중에라도 서운한 마음이 생기지 않는다. 진정한 헌금, 진정한 선행과 자선은 베푼 자도, 베풂을 받은 자도, 베풂 자체도 없어야 한다. 그 어느 곳에도 미련을 두거나 집착하지 않고 마음을 내어 선을 행하는 것(應無所住而生其心)이야말로 하늘 창고에 보물을 쌓아놓는 지름길임을 잊어서는 안 된다.

제 15 강

세례란 무엇인가?

26. 여러분은 모두 그리스도 안에서, 믿음으로 하나님의 자녀가 되었습니다. 27. 누구든지 그리스도와 연합하여 세례를 받은 사람은 그리스도로 옷을 입은 사람입니다. 28. 유대 사람이나 그리스 사람이나, 종이나 자유인이나, 남자나 여자나 차별이 없습니다. 그것은 여러분이 그리스도 예수 안에서 다 하나이기 때문입니다. 29. 여러분이 그리스도에게 속하여 있으면, 여러분은 아브라함의 자손이요, 약속을 따라 유업을 이을 사람들입니다.(갈 3:26 – 29)

이 단락에서는 바울은 그리스도인 됨을 편의상 다섯 가지로 나누어 설명한다. 첫째 그리스도인은 믿음으로 하나님의 자녀가 된 사람이다. 둘째 그리스도와 연합하여 세례받은 사람들이다. 셋째 그리스도로 옷 입은 사람들이다. 넷째 아브라함의 후손이다. 다섯째 약속대로 유업을 이을 사람이다.

이러한 그리스도인의 특성을 바울은 세례 받는 것과의 연관성 속에서 설명한다. 바울이 그리스도인의 세례에 관해서 암묵적으로 표현하고 있는 곳은 몇 군데 있지만(참조, 고전12:13; 골3:11), 직접 세례를 언급하고 있는 곳은 본문이 유일하다……그러면 그리스도인에게 세례가 갖는 의미는 무엇인가?

26절에서 바울은 갈라디아교회의 초창기 선교 상황으로 돌아가 말한다. 그들은 원래 이방 죄인들로 살았다. 그러나 이방인들에게도 '하나님의 자녀들'(hyoi theou)이 될 수 있는 길이 열렸다는 것이다. '하나님의 자녀' 칭호는 그 시대에 일반적으로 아브라함의 후손인 유대인들에게 한정되어 사용되었다. 이와 달리 바울은 이 '하나님의 자녀' 칭호를 확장하여 이방인에게도 함께 사용한다. 그런데 이방인이 하나님의 자녀가 되기 위해서는 조건이 있다: '믿음을 통해서'(*dia tes pisteos*) '그리스도 예수 안에'(*en Christo 'Iysou*) 편입됨으로써, '하나님의 자녀'가 될 수 있다는 것이다. 설령 이방 죄인이라 할지라도 '그리스도 안에' 있으면 '하나님의 자녀'가 된다는 것이다. 하나님의 자녀가 되는 기준은 혈육이 아니라 믿음이다. 우리는 더 이상 가정교사에게 끌려 다니는 유치원생이 아니라, 믿음을 통하여 예수 그리스도 안에서 장성한 하나님의 자녀가 된다는 것이다. 이제 이방인은 그리스도 안에서 자기 자신을 발견함으로써 하나님의 자녀가 되고, 하나님의 유업을 이어받을 상속자가 되어 특권을 누리게 된 것이다.

27절에서는 누구든지 그리스도와 연합하여 세례를 받은 사람은 "그리스도를 옷 입는다"(*Christon endyein*)라고 한다. '그리스도 안에서' 다시 태어나는 것을 상징하는 세례의식을 그리스도를 옷 입는 행위로 표현하고 있다. 세례는 곧 나를 그리스도와 연결시키는 행위이다. 바울은 신앙이 흔들리고 있는 갈라디아 성도들에게 그리스도인 됨의 '객관적 기초'인 세례의식을 상기시킨다.

그러면 바울은 세례를 어떻게 이해하고 있는가? 아무리 큰 죄를 범했다 하더라도 그 사람이 일단 죽게 되면 더 이상 그 죄를 물을 수 없다. 죽으면 그 사람은 자기가 지은 죄에서 자유로워지게 된다. 바울은 그리스도인이 받는 세례를 이와 같은 시각에서 이해한다. 세례를 통해서 그리스도인은 율법에 대해서 죽은 존재들이다. 율법에 대해서 죽음으로써 율법의 굴레로부터 자유로워진 존재들이 다름 아닌 그리스도인이라는 것이다.

바울은 세례를 통하여 자유롭게 된 인간의 실존을 다음과 같이 설명한다. "죽은 사람은 이미 죄의 지배에서 벗어났습니다. 우리가 그리스도와 함께 죽었으면, 그와 함께 우리도 또한 살아날 것임을 믿습니다." (롬6:7-8). 옛 사람을 벗고 새 사람을 입는 것이 세례인데, 그것은 곧 그리스도 안에서 '새로운 피조물'(*kaine ktisis*)로 태어나는 것이다(고후 5:17). 따라서 본문이 말하는 그리스도와 연합하여 세례를 받은 그리스도인은 철저하게 '율법의 굴레로부터 해방된 존재'이다.

바울은 하나의 예를 들어 세례를 설명한다. "누구든지 그리스도와 연합하여 세례를 받은 사람은 그리스도로 옷 입은 것이다." 아이가 성장하면 더 이상 어렸을 때의 옷을 입히지 못한다. 어릴 때 입던 옷을 벗고 새 옷으로 갈아입혀야 한다. 이와 같이 세례를 통하여 그리스도인은 장성한 사람이 된다.

옷은 그 사람의 신분을 나타낸다. 주인이 입는 옷과 노예가 입는 옷이 다르다. 부유한 사람이 입는 옷과 가난한 사람이 입는 옷이 다르다. 노예나 종이 입는 옷이 다르고, 자유인이 입는 옷이 달랐다. 이와 같이 우리는 세례를 통해서 신분이 바뀌게 된다. 그리스도로 옷 입은 사람은 종의 신분에서 아들의 신분으로 바뀐다. 어린아이에서 어른으로 신분이 바뀌는 것을 의미한다. 그리스도로 옷 입은 사람은 신분만 바뀌는 것이 아니다. 성품, 언행, 생각이 바뀌고 세상을 보는 시각까지 바뀐다. 그 사람의 인격이 바뀌고 운명이 바뀌게 된다. 완전히 '새로운 존재'(New Being)로 태어나는 것이 다름 아닌 세례를 옷 입는 것이다. 세례를 통하여 그리스도로 옷 입고 나니, 이제 내가 사는 것은 내가 아니요 내 안에 그리스도께서 사시는 것이다. 그것은 곧 그리스도의 운명에 참여한 삶을 뜻한다.

그러면 세례받은 그리스도교 공동체의 성격을 바울은 어떻게 정의(定義)하고 있는가? 세례에는 구별이 없다. 남녀노소, 빈부귀천을 막론하고 누구든지 예수 이름으로 세례를 받으면 그리스도 안에서 하나가 된다. 28절에서 바울은 세례받기 이전에 우리를 갈라놓았던 신분 사이의 장벽이 이제 허물어져 하나가 되었음을 선언한다.

첫째로 세례 받은 그리스도인 사이에는 "유대인도 헬라인도 없다."

유대인들은 선민의식이 어느 민족보다도 강하였다. 이스라엘민족에게 하나님의 율법이 주어졌고, 그들만이 하나님으로부터 선택된 백성이라는 자부심을 가지고 살았다. 그들의 선민사상은 유대인을 다른 민족과 차별하는 잣대로 사용되었다. 유대인은 이방 죄인과 구별된 삶을 살았으며 그들과 한자리에서 식사하는 것도 금하였다.

바울은 그 당시 유대인과 이방인 사이에서 널리 퍼져있던 인종차별의 장벽을 헐어버렸다. 세례를 통하여 하나가 됨으로써 유대인과 이방인 사이에 가로놓여 있던 장벽이 해체되었다. 민족적 배타성을 초월하여 바울은 구원의 보편성을 주창하였던 것이다.

둘째로 세례받은 그리스도인 사이에는 "종이나 자유인도 없다." 무슨 말인가? 그 당시는 로마가 통치하던 고대노예제 사회에 속하였다. 주인과 종, 자유인과 노예 사이의 사회적 차별이 엄격히 존재하던 시대였다. 그런데 바울은 적어도 그리스도교 공동체 안에서는 주인과 종이라는 사회적 신분에 따라서 사람을 차별하는 일이 있어서는 안 된다고 선언했다.

예수를 믿고 신앙을 갖게 된 노예들이 바울의 이 선언을 듣고 주인으로부터 도망쳤을 가능성을 배제할 수 없다. 빌레몬서에서 바울은 도망쳐 나온 노예 오네시모를 주인 빌레몬에게 되돌려 보낸다. 과격한 세례의 메시지가 교회 안에서 예측할 수 없는 사회적 문제를 일으켰음을 추측할 수 있다. 빌레몬서는 기독교인이 된 노예들이 세례를 받고 그들의 주인으로부터 탈주하는 사태를 방지하기 위해서 씌어졌을 개연성이 높다. 고린도 교회의 노예출신 성도들에 대해서 바울은 다음과 같이 권면한다. "여러분은 각각 부르심을 받은 그때의 처지에 그대로 머물러 있으면서, 하나님과 함께 계십시오"(고전7:24).

셋째로 세례받은 그리스도인 사이에는 "남자도 여자도 없다." 여자와 남자라는 성적 차별이 교회 안에서는 더 이상 용납될 수 없다는 선언이다. 당시는 남성 중심의 가부장적인 사회였다. 제도화된 성 차별 사회에서 여성은 인격으로서의 대우를 받지 못했다. 단지 남성의 쾌락을 위한 도구로 전락하거나, 아니면 아이를 생산하는 기계나 또는 노동도구일 뿐이었다.

그러나 고린도서에서 바울은 여자가 남자 아래 존재한다는 것과 여자의 복종을 강조한다(고전11:2-16). 갈라디아교회에서 보인 여성해방의 입장 표명이 고린도교회에서 많은 문제를 일으켰던 것 같고, 이를 계기로 바울은 여성에 대한 기존의 입장을 수정하지 않으면 안 되었음을 알 수 있다.

그러면 바울은 무엇에 근거하여 그리스도인은 모든 경계를 초월하여 하나 됨을 주장하는가? "그것은 여러분이 그리스도 예수 안에서 하나이기 때문입니다." 여기에서 '하나 됨'(heis este)은 한 분 하나님(3:20), 한 분 그리스도(3:16), 하나의 복음(1:6-9) 사상과 연관성을 지닌다. 모든 성도는 그리스도 예수 안에서 '한 몸'(hen soma)을 이루기 때문에(롬10:4), 그리고 한 몸의 지체들이기 때문에 차별이 있어서는 안 된다는 논리이다(고전12:12-26).

바울은 그리스도인의 정체성을 어디에서 찾아야 하는가를 심도 있게 말한다. 바울이 살던 시대는 고대 노예제 사회는 인종, 신분, 사회계층, 성 차별이 극심하던 사회였다. 이러한 사회 속에서 세례받고, 그리스도인이 된다는 것은 이러한 사회적 경계에 매이지 않고 사는 것을 의미하였다. 한걸음 더 나아가 그리스도교인은 사회적 장벽을 허물기 위해서 부름받았다는 자의식을 분명히 하고, 신앙생활을 해야 함을 그는 강조한다. 바울의 이러한 "사회복음"(Social Gospel) 선언은 역사적 예수 그리스도의 삶에 기초한다.

그리스도교에 있어서 구원은 전체적이지 부분적일 수 없다. 개인과 사회를 분리할 수 없듯이, 개인구원과 사회구원 또한 따로 분리될 수 없다. 사회는 개인으로 구성되어 있으며, 개인은 사회와의 관계 속에 존재하기 때문이다. 한쪽 면을 소홀히 해서도 안 되고, 다른 한쪽 면으로 치우쳐서도 안 된다. 양자 사이의 균형과 조화를 이루는 중도 가운데 신앙생활의 건강성을 유지하는 것이 중요하다.

제 16 강

세상 원소(元素)에 매인 사람

1. 내가 또 말합니다. 유업을 이을 사람은 모든 것의 주인이지만, 어릴 때에는 종과 다름이 없고, 2. 아버지가 정해 놓은 그 때까지는 보호자나 관리인의 지배 아래 있습니다. 3. 이와 같이 우리도 어릴 때에는 세상의 유치한 교훈 아래서 종노릇을 하였습니다. 4. 그러나 기한이 찼을 때에 하나님께서는 당신의 아들을 보내셔서, 여인에게서 나게 하시고, 또한 율법 아래 놓이게 하셨습니다. 5. 그것은 율법 아래 있는 사람들을 속량하시고, 우리로 하여금 자녀의 자격을 얻게 하시려는 것이었습니다. 6. 그리고 또 여러분은 자녀가 되었으므로, 하나님께서 그 아들의 영을 우리의 마음에 보내 주시고 우리가 하나님을 '아바, 아버지' 라고 부르게 하셨습니다. 7. 그러므로 여러분 각자는 이제 종이 아니라, 자녀입니다. 자녀이면, 하나님께서 세워주신 상속자입니다.(갈4:1-7)

　바울은 로마의 '미성년자 보호법'(*tutela impuberis*)을 비교로 들면서 갈라디아교회 성도들의 상황을 설명한다. 이 로마법에 따르면 가장(家長)은 자신이 죽은 후 재산을 상속받을 자녀를 위해서 하나 또는 그 이상의 보호자를 임명한다. 비록 자녀가 법적으로 소유권을 가지고 있다 하더라도, 어른이 되기까지 그 재산을 처분하는 권한이 금지된다. 이 법에 따르면 자녀에게는 비록 상속권이 부여되지만, 스스로 결정권이 없다는 점에서 종과 다름없다.

　이와 같은 어린 상속자는 아버지가 정해준 잠정적인 기간 동안, 다시 말하면 성인이 될 때까지 법적인 '보호자'(*epitropos*)와 '관리인'(*oikonomos*)의 지배 아래 있게 된다. 에피트로포스는 주인의 부재(不在) 시에 그를 대신하여 모든 사무를 담당하고 가르쳐주는 보호자를 뜻한다. 오이코노모스는 주인의 집 안에서 그를 대신하여 재산이나 살림살이를 관장하는 사람을 뜻한다. 로마법에 따르면 아이들은 14세까지 부친이 의탁한 보호자 아래 있어야 하고, 25세까지 상속자의 재산은 관리인에 의해서 관장되었다.

우리의 신앙생활도 그렇다. 신앙적인 면에서 어린아이 같은 사람은 많은 제재를 필요로 한다. 아직 주체적으로 판단할 수 없기 때문이다. 어린아이의 특성은 무엇인가? 사물을 보는 시각이 단순하고 시야가 좁다. 사물을 종합적으로 판단하지 못하고 눈앞에 있는 것 한 가지만 생각한다. 생각이 깊지 못하고, 매사를 자기중심으로 생각한다. 남을 배려하지 못한다. 주관이 아직 형성되지 않았기 때문에 아무에게나 쉽게 끌려 다닌다. 이러한 어린 상태의 신앙상태에 있는 사람은 누군가가 거들어 주어야 한다. 누군가 앞에서 끌어주어야 한다. 보호자와 관리인이 필요한 것이다.

그리스도인 되기 이전에 "우리는 세상의 원시종교에 매어 종노릇 하였습니다." '이 세상의 원시종교'(*ta stoikeia tou kosmou*)가 무엇을 뜻하는가? 로마−헬라인들은 세계를 형성하고 있는 기본요소를 물, 불, 공기, 흙으로 보았다. 유대인들은 인간의 생사화복을 주관하는 율법을 세상의 기본원소로 보았다. 이방인들이 세상원소들을 신으로 섬기고 있다면, 유대인들은 율법을 그렇게 섬긴다. 그리스도 안에서 구원받기 이전 이방인의 실존모습을 바울은 세상원소 아래 종노릇하는 실존으로 파악하였다.

"기한이 찼을 때, 하나님께서는 그의 아들을 보내셔서, 여자에게 나게 하시고, 율법 아래 있게 하셨습니다." 헬라어에서는 때를 나타내는 말이 두 개가 있는데, 카이로스(*kairos*)와 크로노스(*chronos*)가 그것이다. 카이로스는 하나님께서 역사에 개입하시는 시간을 뜻하며, 이에 반해 크로노스는 자연적인 시간의 흐름을 뜻한다. 자연적인 시간이 차서 하나님은 그의 아들을 세상에 파송하셨다고 한다. '여자에게 나게 하시고'(*genomenon ek gunaikos*), '율법 아래 있게 하셨다'(*genomenon hypo nomon*)고 한다. 예수 그리스도는 순수한 영적인 존재로 지상에 오신 것이 아니다. 구체적인 한 인간으로 태어나 율법 아래 살았다. 처녀가 잉태하여 아들을 낳으리라는 이사야 예언이 그리스도의 탄생으로 성취되었다(사7:14; 참조, 창3:15).

본문에서 예수는 여성에 의해서 태어났다고 한다. 곧 여성의 후손이라는 말이다. 아담 이래로 모든 인간은 아버지의 씨를 받아 어머니의 몸을 빌려 태어난 남자의 후손이다. 본문이 성령에 의한 잉태나 동정녀에 의한 탄생을 암시하고 있는지는 확실치 않다. 인간으로 오신 예수 그리스도를 주장하는 영지주의 사상에 반대하여 예수 그리스도는 한 역사적 인물로 오셨다는 사실이 강조된다.

하나님의 아들 예수는 율법 아래 있게 하셨다. 무슨 뜻인가? 하나님의 아들은 유대인의 한 사람으로 태어났다는 것이다. 하나님은 율법을 유대민족에게 주셨고, 예수는 율법의 규율들 아래서 성장하셨다. 예수는 율법의 요구대로 할례를 받았고(눅2:21), 유월절을 지키셨다(눅2:41). 예수는 정기적으로 회당예배에 참석하였고(눅4:18이하), 믿는 자에게 의를 이루기 위해서 율법의 끝(telos)이 되셨다(롬10:4).

하나님은 즉흥적으로 행동하지 않으신다. 항상 '때'를 정하시고 '계획'에 따라 일하신다. 정하신 때가 차서 하나님은 외아들을 세상에 보내셨다. 때가 차야 하나님은 역사하신다. 하나님의 때와 우리가 계획한 때가 일치할 때도 있지만, 대부분의 경우 그렇지 않을 때가 더 많다. 기도할 때 당장 응답해주지 않는다고 해서 조급해 하거나 하나님을 원망하고 낙심해서는 안 된다. 자연도 때에 따라 씨를 뿌리고, 때에 따라 싹이 나고 때에 따라 열매를 맺게 하신다. 하나님은 때에 따라 우리에게 성령의 이른 비와 늦은 비를 내려 주신다. 우리가 기도할 때에는 조급해하지 말고 항상 하나님께서 응답해주실 때를 기다리며, 인내하는 자세가 필요하다.

왜 말씀(logos)이 육(sarks)이 되셨는가? 왜 하나님의 아들이 인간이 되셨는가? 무한하신 분이 스스로를 제한하여 유한한 인간이 되셨는가? 하나님 아들이 인간으로 오신 까닭은 무엇인가? 5절에 따르면 우리의 죄를 속량하기 위해서요, 우리를 하나님의 양자로 삼기 위해서다.

첫째는 율법 아래 있는 사람들을 속량하기 위해서 그리스도는 인간이 되어 십자가에 죽으셨다. 속량은 구원과는 성격이 다르다. 속량은 값을 지불하고 상응하는 대가를 치르고 사는 것이다. 우리는 십자가를 바라볼 때마다 죄로 인하여 죽어야 할 나를 대신해서 주님이 값을 지불하셨다는 사실을 항상 잊어서는 안 된다. 십자가야말로 속량사건의 전형이다. 주님께서는 우리를 속량하기 위해서 두 가지 일을 하셨다. 첫째로 율법 아래 계실 필요가 없는 분이 우리를 대신해서 율법 아래 계셨다. 둘째로 주님은 죄가 없으신 분임에도 죄인으로 인정되었고, 죽으실 필요가 없는 분임에도 십자가에 죽으셨다.

주님의 십자가는 우리 죄와 죽음에 대한 대속적인 성격을 띤다. 이제 이러한 그리스도의 대속행위에 근거하여, 죄로 인하여 죽을 수밖에 없는 우리가 속죄함을 받고, 영생과 구원을 선물로 받게 된 것이다. 주님께서는 우리 죄를 용서하기 위하여 당신의 목숨을 그 대가로 지불하셨다. 사실 우리가 받은 구원은 엄청난 대가를 치른 것이다. 하나님의 아들의 목숨을 대가로 치른 것이 십자가 사건이다. 십자가를 통한 구원을 돈이나 권력이나 명예로 환산할 수 있겠는가?

"우리가 하나님의 자녀의 자격을 얻게 하기 위함"이라는 것이다. '휘오테시안'(hyothesian)은 출생상의 자녀가 아니라 선택된 자녀, 곧 양자를 뜻한다. 그리스도께서 하나님의 아들이라면, 그리스도인은 하나님의 양아들이다. 그리스도와 그리스도인 사이를 굳이 촌수(寸數)로 따져본다면, 형제간이 될 것이다. 그래서 부활한 주님은 제자들을 '내 형제들'이라고 부른다(요20:17).

주님께서는 잃어버린 하나님의 자녀 신분을 되찾아주기 위하여 여자에게 나셨고 율법 아래 계셨다. 십자가에 죽으셨다. 그리스도인이 십자가를 바라볼 때마다 우리가 잊어서는 안 되는 것이 있다. 우리가 하나님께서 지극히 사랑하는 자녀라는 사실이다. 기도할 때도 마찬가지다. 우리가 하나님께서 사랑하는 자녀라는 확신을 잃지 말아야 한다. 하나님 자녀의식을 잃지 않고 신앙생활을 할 때, 우리는 아무리 어려운 일을 당한다 할지라도 그것을 하나님의 사랑 안에서 소화해낼 수 있게 된다.

하나님께서는 양아들이 된 우리의 마음속에 '그의 아들의 영'(*to pneuma tou hyiou autou*), 곧 성령을 보내주신다. 하나님은 구원을 위해서 당신의 아들을 보내셨고(구원의 객관적인 기초), 이어서 성령(구원의 주관적 경험)을 보내신다. 성령은 인간의 마음(*kardia*)속에 거주하신다. 카르디아는 인간의 사고를 통제하는 곳이므로, 바울은 성령이 거하는 장소로 보았다. '아바'(*Abba*)는 아람어로 아버지를 뜻하는데, 우리는 이제 하나님을 '아바, 아버지'라고 부르게 되었다. '아바 아버지'라는 이중적 표현은 하나님에 대한 보다 친근한 관계를 나타낸다. 아들의 영, 곧 성령이 우리 마음속에 거하게 되면, 우리는 하나님 앞에서 당당하게 '아빠, 아버지'라고 부를 수 있게 된다(참조, 롬8:15). 육신의 아버지를 대하듯이, 이제 우리는 하나님을 친근하게 대할 수 있다.

7절에서 바울은 결론을 내린다. 여러분은 이제 종이 아니라 아들이다. 우리가 하나님의 아들로 채택되었다면, 동시에 우리는 하나님의 상속자(*kleronomos*)가 된다. 클레로노모스는 '종'(*doulos*)과 반대되는 개념이다. 하나님 나라 백성이 소유하게 될 모든 축복을 일컫는다. 이제는 종이 아니라 자녀이기에 자녀의 유업을 이어가게 된다는 것이다. 바울은 갈라디아 교인들이 성령에 의한 내적 증거를 통하여 하나님 나라의 특권을 소유하게 되었음을 말한다.

바울은 이 모든 것이 인간의 계획이나 노력에 의해서가 아니라 전적으로 하나님에 의해서 이루어진 것임을 분명히 한다. 인간을 구원하는 주도권은 어디까지나 인간 편에 서가 아니라 하나님 편에 있다.

제 17 강
초등학문

8. 그런데 전에는 여러분이 하나님을 알지 못해서, 본디 하나님이 아닌 것들에게 종노릇을 하였지만, 9. 지금은, 여러분이 하나님을 알 뿐만 아니라, 하나님께서 여러분을 알아 주셨습니다. 그런데 어찌하여 그 무력하고 천하고 유치한 초등학문으로 되돌아가서, 또다시 그들에게 종노릇 하려고 합니까? 10. 여러분이 날과 달과 계절과 해를 지키고 있으니, 11. 내가 여러분을 위해서 수고한 것이 헛될까 염려됩니다.(갈4:8 - 11)

　본문에서 바울은 은혜를 입었음에도 불구하고 다시 율법종교으로 돌아가려는 갈라디아교회 교인들의 어리석음을 질책한다. 바울은 예수를 믿기 이전의 그들의 상태와 지금의 상태를 비교한다. 예수를 알기 전에 갈라디아교회 교인들의 실존의 모습은 어떠했는가? 그들은 하나님을 알지 못하였고, 본질상 신들이 아닌 것들에 사로잡혀 있었다. 곧 우상에 사로잡혀 종노릇을 하였다. 그런데 지금은 어떠한가?

　그리스도교는 원래 유일신(monotheism) 신앙에 기초한다. 우주만물은 하나님 한 분에 의해서 창조되었다. "세상에 우상이란 것은 아무것도 아니고, 오직 하나님 한 분밖에는 신이 없습니다. 남들은 신도 많고, 주도 많다고 하고, 이른바 신이라는 것들이 하늘에도 있고 땅에도 있다고 하지만, 우리에게는 아버지가 되시는 하나님 한 분이 계실 뿐입니다. 만물이 그분에게서 생겼고, 우리는 그분을 위해서 있습니다. 또한 한 분 주님이신 예수 그리스도가 계시니 만물이 그로 말미암아 있고, 우리도 그로 말미암아 있습니다."(고전8:4-6) 한 분 하나님, 한 분 그리스도, 한 분 성령이 존재한다.

그렇다면 우상은 무엇인가? 하나님 아닌 것을 하나님으로 섬기는 것이다. 창조주 대신에 피조물을 하나님으로 숭배하는 것이다. 그것은 물론 물질일 수도 있고, 권력이나 명예일 수도 있다. 하나님보다 우선적인 가치를 두는 것이 있다면, 그것이 무엇이든 우상이 된다(롬1:22). 어떤 사람에게는 자식이 우상이 될 수도 있고, 재물이 우상이 될 수도 있다.

신앙을 갖기 이전과 이후는 어떻게 다른가? 하나님을 섬기는가, 아니면 우상을 섬기는가에 달려있다. 하나님을 섬긴다는 것은 지금까지 내가 섬겨왔던 우상으로부터 벗어나는 것과 무관하지 않다. 신앙을 가지면, 하나님만을 섬기고, 예수를 통해서 살기 때문에, 가치관의 변화를 경험하게 된다. 세상 사람들이 추구하는 물질과 명예가 이제 하나님 중심, 예수 중심, 말씀 중심, 이웃 중심으로 바뀌게 된다. 자기중심성에서 벗어나 나 아닌 것에서 나 자신의 모습을 볼 수 있을 때 우리는 예수를 믿는다고 할 수 있을 것이다.

예수를 믿으면서도 여전히 세상적인 것이 좋고, 옛것에 매력을 느낀다면, 그것은 우상을 숭배하는 것이나 진배없다. 신앙생활을 한다고 하면서도, 여전히 옛 습관을 청산하지 못하고, 자기중심적으로 생각한다면 우상숭배의 생활을 하는 것이다. 나 개인의 목적과 소원을 달성하기 위한 수단과 방편 정도로 예수를 생각하고 믿는다면, 그것도 우상숭배가 아닐 수 없다.

바울은 신앙을 갖기 이전과 이후 인간의 실존적 변화나 질적 차이를 강조한다. 첫째로, 전에 갈라디아교회 교인들은 하나님이 아닌 것들에 종노릇하였다. 종의 특성은 자유가 없다는 데 있다. 종은 오로지 주인이 시키는 대로 할 뿐이다. 주체적인 사고나 행동은 종에게 있을 수 없다. 종이었던 그들이 후에 하나님의 자녀가 되었다. 자유인이 된 것이다. 주체적으로 생각하고 행동하게 되었다. 신앙을 가지면서 종의 신분에서 자녀의 신분으로 바뀌게 된 것이다.

둘째로, 전에는 우상을 섬겼으나 이제는 하나님을 섬기게 되었다. 신앙을 가짐으로써 우상을 섬기는 삶에서 하나님을 섬기는 삶으로 섬김의 대상이 바뀌게 된 것이다. 사실 우상이란 존재하지 않는다. 존재하지도 않는 귀신이 있다는 생각에 사로잡힐 때 그 생각은 우리에게 현실적인 힘으로 작용한다. 이사를 하거나, 혼인 등 인륜대사를 치르려면 반드시 무당에게 찾아가 좋은 날을 택일해야 한다. 그러나 예수를 믿는다면 특별이 택일할 필요가 없다. 모든 날이 좋은 날이기 때문에 편한 날 잡으면 된다.

셋째로, 전에는 율법에 매여 살았으나 이제는 하나님의 은혜 아래 살게 되었다. 하나님의 양자가 되었기 때문에 자유로운 몸이 되었고, 하나님의 자녀로서의 특권을 누리며 살게 되었다. 그런데 자기도 모르는 사이에 다시 율법으로 돌아간다면 문제가 아닐 수 없다.

넷째로, 전에는 어린아이였기 때문에 가정교사가 필요하였으나, 이제는 어른이 되었기 때문에 더 이상 가정교사가 필요로 하지 않게 되었다.

9절에서는 갈라디아교회 교인들의 현재 상태에 대해서 말한다. 전에는 하나님을 알지 못했지만, 이제는 하나님을 알게 되었다는 것이다. 어떻게 알게 되었는가? 예수 그리스도를 통해서 알게 되었다. 우리 스스로는 하나님을 알 수 없다. 그러나 하나님께서 외아들을 세상에 보내주셔서, 그를 통해서 하나님께서는 자기 자신을 인간에게 드러내어 알게 하셨다.

하나님은 어떻게 자기를 계시하셨는가? 성육신(incarnation) 사건을 통해서이다. 성육사건(成肉事件)은 인간으로 오신 예수 그리스도가 곧 하나님임을 보여준다. 그래서 주님은 "나를 보는 자는 나를 보내신 분을 보는 것이며,"(요12:45) "나를 본 사람은 아버지를 보았다"고 말한다(요14:9). 본래 하나님을 본 사람이 없지만, 이제 예수 그리스도를 통해서 우리는 하나님을 보고 알게 되었다. 그리스도교의 하나님은 더이상 불가지론(不可知論)의 존재가 아니다. 우리는 결코 알지 못하는 하나님을 섬기고 있는 것이 아니다. 그리스도를 통해서 자신을 드러내신 하나님을 섬기고 있는 것이다.

이어서 바울은 우리가 하나님을 알 뿐만 아니라, 우리 또한 하나님께 알려지게 되었다고 말한다. 무슨 말인가? 내가 하나님을 알게 되었지만, 그보다 먼저 하나님께 내가 알려졌다는 것이다. 내가 하나님을 알기 전에 하나님께서 먼저 나를 아셨다는 것이다. 내가 하나님을 안다는 것은 그분이 나를 아신다는 사실에 근거한다. 하나님이 나를 알고 계신 것에 근거해서 우리가 하나님을 알게 된다. 갓난아이를 보자. 얼마 지나면 엄마를 알아본다. 아이가 엄마를 알기 훨씬 전에 엄마는 아이를 안다. 태어나서부터 안다. 아니, 뱃속에 있을 때부터 알고 있다. 우리가 하나님을 안다는 것도 마찬가지다. 하나님께서 나에 대한 모든 것을 알고 계신다는 것을 인정할 때, 우리는 하나님을 알 수 있게 된다. 우리는 하나님의 은혜로 선택되어, 그리스도로 말미암아 하나님의 아들로써 알려졌다. 내 스스로 예수를 믿은 것이 아니라, 하나님께서 나로 하여금 예수를 믿도록 인도하신 것이다. 내가 하나님을 택한 것이 아니라, 먼저 하나님께서 나를 아시고 택하신 것이다.

진실한 신앙인의 자세는 어떤가? 오래 믿고 깊은 신앙에 들어간 사람은 내 스스로 믿었다고 생각하지 않는다. 하나님께서 나로 하여금 믿게 하셨다고 생각한다. 매주일 교회에 가서 예배에 참석하는 것도 내가 스스로 나온 것이 아니라, 하나님께서 성령을 통하여 나에게 역사하셔서 나오지 않으면 안 되도록 이끄셨다고 생각한다. 이것이 진정한 신앙인의 자세이다.

우리가 하나님을 알고, 하나님께서 우리를 알아주시면, 그것으로 만족해야 한다. 사람들이 우리를 알아주지 않는다고 해서 원망하거나 낙

심할 필요가 없다. 천지만물을 지으신 창조주 하나님께서 우리를 알아
주시는 것은 인간이 알아주는 것과는 질적으로 다르다. 우리는 그것 하
나만으로 자부심을 갖고, 늘 기뻐하고 감사하는 생활을 해야 한다.

그런데 "어찌하여 다시 약하고 천한 초등학문으로 돌아가서 종노릇
하려고 하느냐?" 초등학문(stoikeia)은 율법을 포함하여 우상을 신으로
숭배하는 일체의 자연종교를 지칭한다. 초등학문의 본질은 무엇인가?
'약하고'로 번역된 헬라어는 '아스테네'(asthene) 병약하고 능력이 없는
것을 뜻한다. '천한'으로 번역된 헬라어 '프토카'(ptocha)는 절대 빈곤
속에서 허덕이는 불쌍한 걸인을 말한다. 그리스도교에 비해서 초등학문
에 해당하는 자연종교들은 건강하지 못하고 빈궁하다는 것이다.

예수를 처음 믿을 때에는 감격하며 은혜가 충만하다가도, 좀 더 잘
믿어보려고 하다가 인본주의의 함정에 빠지는 경우가 있다. 잘 믿으려
고 하는 것 자체가 문제가 될 때가 있다. 내가 더 잘 믿고, 내가 더
선을 행하고, 내가 더 봉사하려고 하면 할수록, 이러는 사이에 예수는
뒷전으로 물러나고, 그 자리에 내가 서있는 경우가 있다. 인본주의의
함정은 다른 것이 아니다. 내 업적이나 내 공로를 통해서 하나님의 의
를 이루려고 하는 것이다.

10절에서 갈라디아교회 교인들이 지키는 날과 달과 절기와 해는 무
엇을 뜻하는가? '날'은 안식일을 가리키며, '달'은 매월 반복되는 월삭
을 말한다(사66:23). '절기'는 유월절, 오순절, 장막절 등을 가리키며(레
23:4), 해는 안식년을 가리키는 것 같다(레25장). 이들은 유대교 제의
(祭儀)행사를 말한다. 갈라디아 교인들은 이 모든 것들을 지키느라 열
심이었다. 그러다 보니 신앙생활에서 형식만 남고 의무만 남게 되었다.

우리는 형식주의나 율법주의에 빠져 신앙생활을 해서는 안 된다. 주
일을 지킨다거나 십일조를 바치는 경우에도 그것들이 짐이 되거나 의
무가 되어서는 안 된다. 이 모든 것들은 자발적으로 행해져야 감사와

기쁨이 뒤따른다. 자발성에 기초한 신앙생활이야말로 신앙인의 성숙한 자세이며 하나님의 자녀다운 신앙 자세이다.

11절에서 바울은 갈라디아교회 교우들을 향하여 말한다. "내가 여러분을 위해서 수고한 것이 헛되지 않을까 염려됩니다." 종이 아니라 자유인으로, 노예가 아니라 하나님의 자녀로, 의무감이나 억지로가 아니라 자발성에 근거하여 감사와 기쁨으로 신앙생활을 해야 할 것이다.

제 18 강
우 정

12. 형제자매 여러분, 내가 여러분과 같이 되었으니, 여러분도 나와 같이 되기를 바랍니다. 여러분이 내게 해를 입힌 일은 없습니다. 13. 그리고 여러분이 아시는 바와 같이, 내가 여러분에게 처음으로 복음을 전하게 된 것은 내 육체가 병든 것이 그 계기가 되었습니다. 14. 그리고 내 몸에는 여러분에게 시험이 될 만한 것이 있는데도, 여러분은 나를 멸시하지도 않고, 외면하지도 않았습니다. 여러분은 나를 하나님의 천사와 같이, 그리스도 예수와 같이 영접해 주었습니다. 15. 그런데 여러분의 그 감격이 지금은 어디에 있습니까? 나는 여러분에게 증언합니다. 여러분은 할 수만 있었다면, 여러분의 눈이라도 빼어 내게 주었을 것입니다. 16. 그런데 내가 여러분에게 진리를 전하였음으로, 여러분의 원수가 되었습니까? 17. 위에서 내가 말한 자들이 여러분에게 열심을 내는 것은 좋은 뜻으로 하는 것이 아니라, 여러분을 내게서 떼어놓아서, 여러분으로 하여금 그들을 열심히 따르게 하려고 하는 것입니다. 18. 그런데 그들이 좋은 뜻으로 여러분에게 열심을 낸다면, 그것은, 내가 여러분과 함께 있을 때뿐만 아니라, 언제든지 좋은 일입니다. 19. 나의 자녀 여러분, 나는 여러분 속에 그리스도의 형상이 이루어지기까지 다시 해산의 고통을 겪습니다. 20. 이제라도 내가 여러분을 만나 어조를 바꾸어서 이야기를 나눌 수 있다면 좋겠습니다. 나는 여러분의 일을 어떻게 하면 좋을지 당황하고 있습니다.(갈4:12 - 20)

지금까지 바울은 율법주의에 치우친 갈라디아교회 교인들의 잘못된 신앙상태를 지적하였다. 그들의 신앙이 왜 잘못되었는가를 오로지 믿음에 의거하여 구원에 이르게 된다는 칭의론의 시각에서 논리적으로 호소하였다. 은혜로 사는 방법과 율법으로 사는 방법의 차이를 설명하고, 은혜로 율법을 극복하는 방법과 하나님의 의(義) 사건인 십자가에 대해서도 설명하였다.

그러나 본문에서 바울은 이와 전혀 다른 시각에서 말한다. 바울은 이성에 호소한다기보다는 오히려 갈라디아교회 성도들의 감성에 호소하여 말한다. 12절에서 바울은 다음과 같이 말한다, "내가 여러분과 같이 되었으니, 여러분도 나와 같이 되길 바랍니다." 무슨 말인가?

우리가 죄로 인하여 하나님께로 나아가지 못하기 때문에 하나님께서 우리를 향하여 오셨다. 인간을 구원하기 위해서 하나님께서는 스스로 인간이 되는 길밖에 다른 도리가 없었다. "말씀이 육이 된 것이다."(*ho logos sarks egeneto*) 성육신(成肉身) 사건은 기독교 복음의 근거이다. 성육신 사건은 하나님 사랑의 극치이다. 사랑이란 무엇인가? 그것은 내가 소유한 것으로 남에게 베푸는 행위 이상이다. 높은 위치에 있는 사람이 스스로 낮아지는 것이요, 자발적으로 가난하게 되는 것이다. 무한자가 자발적으로 유한자가 되는 것이요, 하나님이 인간이 된 사건이다. 하나님의 아들이 스스로 자기 자신을 십자가에 내어주는 것이다. 자기희생이야말로 사랑의 본질이다.

이러한 하나님의 자기희생적인 사랑에 근거하여 바울은 "내가 여러분과 같이 되었다"고 말한다. 바울은 본래 자랑할 것이 많은 사람이었다. 히브리인 중에 히브리인으로 태어났으며, 바리새파 중 바리새파였다. 율법으로는 흠이 없는 사람이었으며, 율법을 지키고 실천하는 데 있어서 누구보다도 열성을 다했다. 그런데 "내가 여러분과 같이 되었다"고 한다. 무슨 말인가? 유대인이 이방 죄인처럼 되었고, 율법을 지킨 자가 율법이 없는 사람처럼 되었다는 것이다. 이를 위해서 바울은 기득권을 포기하고, 자기가 자랑하던 것들을 쓰레기처럼 버렸다고 한다. 모든 비난과 어려움을 달게 받았던 것이다. "내가 여러분과 같이 되었으니, 여러분도 나와 같이 되는 것이 옳지 않으냐?" 율법 없는 자에게 율법 없는 자 같이 되어 율법 없는 자들을 얻고자 했던 바울이었다(고전9:20-21). 이와 같이 바울은 유대인이었음에도 불구하고 율법을 떠나 스스로 이방인이 되었다. 복음의 진리를 증언하기 위해서였다. 그렇다면 갈라디아교회 교우들 또한 바울이 그러했던 것처럼, 복음의 진리를 따라 믿음을 지켜야 할 것이다.

"내 육체가 병든 것이 계기가 되어 복음을 전파하게 되었다." 13절에서는 이 점을 알라고 한다. '디 아스테네이안'(di astheneian)은 병들었음에도 불구하고 복음을 전했다는 말이 아니다. '병들었기 때문에'(because of weakness)라는 것이다. 병든 것이 계기가 되어 복음을 전하게 된 것이다. 이것은 논리에서가 아니라 경험에서 나온 바울의 고백임을 알 수 있다. 안질(행9:9)이나 간질(갈4:14)로 추정하는 학자들도 있으나 아마도 제1차 선교여행 때 얻은 풍토병의 하나인 말라리아일

가능성이 크다(행13:13-14).

우리는 건강하고 만사형통할 때보다, 오히려 어려운 일을 당하고 병들었을 때 또는 환란을 당하고 역경 가운데 있을 때 복음을 효과적으로 전하게 되는 경우를 종종 경험으로 알게 된다. "내가 복음을 전할지라도, 그것이 나에게 자랑거리가 될 수 없습니다. 나는 어쩔 수 없이 그것을 해야만 합니다. 내가 복음을 전하지 않으면, 나에게 화가 미칠 것입니다."(고전9:16) 복음전파는 그리스도인에게 해도 좋고 안 해도 그만이 아니다. 그것은 최우선적인 과업임을 깨달아야 한다.

본래 바울은 갈라디아 지방에서 복음을 전파할 계획이 없었다. 단지 그 지방을 거쳐서 다른 곳으로 가서 복음을 전하려고 하였다. 그런데 갈라디아 지방에 도착했을 때 갑자기 병이 났고, 부득불 그곳에 머물지 않으면 안 되었다. 그래서 질병 때문에 복음 전하는 계기가 되었다. 바울은 원래 고질병으로 고생하는 병약한 사람이었다. 그는 고린도교회 교우들에게 고백한다. "……주께서는……내 몸에 가시를 주셨습니다. 그 것은 사탄의 하수인이라고 할 수 있는데, 그것으로 나를 치셔서……나는……이것이 내게서 떠나게 해 달라고 세 번이나 주님께 간구했습니다. 그러나 주께서는 '내 은혜가 네게 족하다. 내 능력은 약한데서 완전하게 된다.'……그러므로 나는 그리스도를 위하여 병약함과 모욕과 궁핍과 박해와 곤란을 겪는 것을 기뻐합니다. ……"(고후12:7-10) 바울이 사탄의 심부름꾼이라고까지 말하는 '육체의 가시'는 그를 항상 괴롭혔던 불치병을 지칭한다. 바울은 항상 두통에 시달렸고, 안질로 인하여 시력이 좋지 않아 어려움을 많이 겪기도 하였다.

14절에서 바울은 갈라디아교회 교우들과의 다정했던 옛 일을 회상시킨다. "여러분은 나를 하나님의 천사와 같이 또는 그리스도 예수와 같이 사랑하였습니다." 갈라디아교회 교인들이 처음 바울을 영접할 때의 모습이다. 그러면 바울이 과연 그럴 만한 위대한 인물이었는가? 도덕적으로 종교적으로 위대한 사람이었는가? 지식적으로 흠이 없고 완전무결한 사람이었는가? 큰 능력을 행사하고 기적을 행한 사람이었는가? 그렇지 않다. 그는 흠도 많고 약점도 많은 사람이었다. 육체는 병들어 시험될 만한 것이 있었다. 그럼에도 불구하고 그들은 바울을 멸시하거나 외면하지 않고 극진하게 대접했다는 것이다. 왜 그런가? 사랑 때문이다.

사랑이란 무엇인가? 여기서 우리는 갈라디아교회 성도들의 사랑의 한 단면을 볼 수 있다. 사랑은 모든 것을 내 편이 아닌 상대방의 편에서 생각하는 것이다. 그러면 상대방의 실수나 허물도 충분히 이해할 수 있게 된다. 이해의 깊이가 사랑의 척도가 된다. 한걸음 더 나아가 사랑은 상대방의 허물을 덮어줄 수 있어야 한다. 상대방이 자랑스럽게 생각하는 것은 칭찬해주고, 부끄럽게 생각하는 것을 들추어 내지 말고 덮어주어야 한다. 남의 아픈 곳을 건드리는 것은 살인행위나 다를 바 없다. 끝까지 덮어주고 감싸주는 것이 진정한 사랑이다.

14절에 "여러분에게 시험이 될 만한 것"이 어떤 질병을 말하는지 불분명하다. 안질이나 두통이 있다고 해서 믿음에 시험들 것까지는 없기 때문이다. 그리스도의 사도로서 큰 능력을 행하며 많은 사람의 병을 고치는 바울이었다. 그러나 그는 정작 자신의 병은 고치지 못하고 간질병으로 고생했던 것 같다. 정기적으로 발작을 일으키고 거품을 물고 쓰러지는 바울의 모습이 복음을 전하는 데 있어서 결코 유익하지는 아니했을 것이다. 이와 같은 치명적인 약점을 가지고 있음에도 불구하고, 갈라디아교회 교우들은 바울을 업신여기지 않았다. 그를 천사처럼 또는 그리스도처럼 영접하였고, 이에 한걸음 더 나아가 할 수만 있었다면 그들의 눈이라도 빼어 주었을 정도로 사랑하였다. 바울은 안질로 고생하며 성경도 잘 읽을 수 없었다. 그런 상황에서 갈라디아교회 교우들의 바울에 대한 극진한 사랑을 엿볼 수 있다.

갈라디아교회 교우들이 실제로 눈을 빼어주겠다고 말한 것은 아닐 것이다. 바울은 그들이 자기를 위해서 이런 일이라도 할 수 있다는 확신을 가지고 있었을 것이다. 아내가 실상은 그렇지 않다 할지라도, 남편이 스스로 생각하기에 '당신은 내게 평생을 바쳤어. 할 수만 있다면 눈이라도 빼어줄 거야.' 남편이 아내에 대하여 이와 같은 깊은 신뢰를 가지고 산다면, 아무리 어려운 일을 당해도 낙심하지 않고 약해지지도 않을 것이다. 바울을 그토록 믿고 사랑했던 갈라디아교회 교우들이었는데 지금 어찌하여 마음이 그렇게 돌변할 수 있는가? 거짓교사들의 속임수에 넘어가는 것을 목격하고 바울은 이렇게 안타까운 마음으로 호소한다.

16-17절에서 바울은 "내가 너희에게 참된 말을 하므로 원수가 되었느냐"고 한다. 그들의 진짜 원수는 바울이 아니라 그들을 이간질하며 유혹하는 자들이다. 율법주의자들은 겉으로는 열심을 내는 것처럼 보였지만 실제로는 교우들을 복음의 진리에서 이탈시키려 했다는 것이다.

19절에서 바울은 "여러분 가운데서 그리스도의 형상이 이루어지기까지 나는 해산의 고통을 당한다"고 말한다. 그리스도인의 최종 목표는 무엇인가? 우리 속에 "그리스도의 형상"(morphote Christos)을 이루는 것이다. 그리스도와의 인격적 그리고 영적인 소통을 통하여 그리스도를 닮아가는 삶을 바울은 신앙생활의 목표로 삼고 있다. 그때까지 바울은 해산의 수고를 감수하겠다는 것이다. 고통 가운데 해산의 고통이 가장 큰 고통이다. 이제 새 각오를 가지고, 해산의 아픔을 감내하면서, 정성과 사랑을 다하여 다시 갈라디아교회 교우들을 바른 신앙의 길로 인도하겠다는 결단이다. 해산의 고통이 없으면, 새로운 생명은 탄생하지 못하는 법이다.

제 19 강
하갈과 사라

21. 율법 아래 있기를 바라는 여러분, 내게 말해 보십시오. 여러분은, 율법이 말하는 것을 듣지 못합니까? 22. 아브라함에게 두 아들이 있었는데, 하나는 여종에게서 태어나고 하나는 종이 아닌 본처에게서 태어났다고 기록되어 있습니다. 23. 여종에게서 난 아들은 육신을 따라 태어나고, 본처에게서 난 아들은 약속을 따라 태어났습니다. 24. 이것은 비유로 표현한 것입니다. 그 두 여자는 두 가지 언약을 가리킵니다. 하나는 시내산에서 나와서 종이 될 사람을 낳은 하갈입니다. 25. 하갈은 아라비아에 있는 시내산을 뜻하는데, 지금의 예루살렘에 해당합니다. 지금의 예루살렘은 그 주민과 함께 종노릇을 하고 있습니다. 26. 그러나 하늘에 있는 예루살렘은 종이 아닌 여자이며, 우리의 어머니입니다. 27. 성경에 기록하기를 '아이를 낳지 못하는 여자여, 소리를 높여서 외쳐라. 홀로 사는 여자의 자녀가 남편을 둔 여자의 자녀보다 더 많을 것이다' 하였습니다. 28. 형제자매 여러분, 여러분은 이삭과 같이 약속의 자녀들입니다. 29. 그러나 그 때에 육신을 따라 난 사람이 성령을 따라 난 사람을 박해한 것과 같이, 지금도 그렇습니다. 30. 그런데 성경은 무엇이라고 말합니까? '여종과 그 아들을 내쫓아라. 여종의 아들은 절대로, 종이 아닌 본처의 아들과 함께 유업을 받지 못할 것이다' 하였습니다. 31. 그러므로 형제자매 여러분, 우리는 여종의 자녀가 아니라, 자유한 여자의 자녀입니다.(갈4:21-31)

　바울은 본문에서 "은혜에 속한 사람"과 "율법에 속한 사람"의 그 소속관계를 구약성서의 예를 들어 풀어 설명한다. 갈라디아교회 교우들은 이방인 그리스도인들인데, 그들은 아브라함의 몸종 하갈의 후손이 아니라, 본처 사라의 후손이라는 것을 알레고리적으로 설명한다. "알레고리"는 본래 "다르게 말하다"(*alla alegoreo*)에서 온 명사형인데, 구약성서에 나오는 구체적 사건을 비유로 들어 신약성서 복음의 진리를 설명하는 방식이 알레고리이다.

　"율법 아래 있기를 원하는 사람들은 내게 말해보십시오. 여러분은 율법이 말하는 것을 듣지 못합니까?" 바울은 구약에 등장하는 두 인물을 대조시킴으로써 율법과 은혜의 관계를 설명한다. 아브라함에게는 두 아들이 있었다. 한 아들은 여종에게서 태어나고, 다른 한 아들은 자유로운 여인에게서 태어났다. 여종 하갈의 아들 이스마엘과 본처 사라의 아들 이삭이 그들이다.

　하나님은 우상의 도시 갈대아 우르에서 살고 있는 아브라함을 찾아가 지시하는 땅으로 가라고 명령한다(창12:1-2). 하나님은 그에게 두 가지 축복을 약속한다. 땅과 자손에 대한 '약속'(*berit*)이다. 첫째는 지시할 땅으로 가라고 한다. 땅을 주시겠다는 약속이다. 둘째는 자손에 대한 약속이다. "하늘을 쳐다보아라. 우러러 뭇별을 셀 수 있는가 보라. ……네 자손이 저 별처럼 많아질 것이다."(창15:5)

아브라함이 이 약속을 받은 때가 75세였다. 그때까지 그는 자식이 하나 없었다. 아브라함은 하나님의 약속 하나만 믿고, 무작정 집과 고향을 떠난다. 하나님께서 그를 인도하여 가나안땅에 이르게 한다. 아브라함은 이곳이야말로 하나님께서 주시겠다고 '약속한 땅'이구나 하고 생각한다 (창13:15). 그런데 약속의 땅에 흉년이 들어 먹을 것이 없게 되자 아브라함의 믿음에 회의가 깃든다. 그는 약속의 땅을 버리고 먹고 살기 위해서 이집트로 내려간다. 그런데 하나님이 이를 허락하지 않으신다. 아브라함은 이집트에서 자기 부인 사라를 누이라고 속여 이집트 왕에게 보내지만, 그것은 하나님의 뜻이 아니었다. 그는 죽을 고비에 처하여 구사일생으로 살아서 돌아온다. 하나님이 그를 꾸짖는다. 흉년이 들었다 해도 약속의 땅을 지킬 것이지, 왜 버리고 떠났느냐? 네가 이 땅을 버렸으므로, 네 자손이 이집트에서 종살이를 하게 될 것이라고 한다.

자손을 주시겠다는 약속은 어떻게 되는 것인가? 약속을 받은 지 24년이 지났으나 아무 소식이 없다. 아브라함은 기다리지 못하고 사라의 몸종 하갈을 통하여 자식을 얻게 된다. 그가 곧 이스마엘이다. 아브라함은 단산(斷産)한 사라를 보고 믿음이 약해져 결국 이러한 실수를 범한다. 믿음이 흔들릴 때 생긴 부산물은 두고두고 화근이 되어 아브라함을 괴롭힌다. 드디어 사라 나이 90세, 아브라함의 나이 100세 되던 해에 약속의 아들 이삭을 얻게 된다.

23절에서 바울은 하갈과 사라 사이의 신분적 차이를 분명히 한다. 뿐만 아니라, 그들에게서 태어난 자식 사이의 신분적 차이도 언급한다. 여종에게서 태어난 이스마엘이 "육에 따라"(*kata sarka*) 난 자식이라면, 자유한 여인 사라에게서 태어난 이삭은 "약속으로 말미암은"(*dia tes epangelias*) 자식이요, 자유의 몸이다. 그를 통해서 이스라엘 자손이 번성할 것이다. 여기에서 육(*sarks*)의 후손과 약속(*epangelia*)의 후손이 대조를 이루고 있다.

24절에서 바울은 하갈과 사라를 풍유(알레고리)로 들어 두 '언약'(*diatheke*)의 표징으로 본다. '알레고리'(풍유)는 '파라볼레'(비유)와는 약간 다른 점이 있다. 예수께서 흔히 사용했던 '파라볼레'가 사람들에게 친숙한 사물을 빗대어 진리를 쉽게 설명하는 방법이라면, '알레고리'는 어떤 사건을 기본으로 하여 그 배후에 담긴 의미를 발견하는 것을 뜻한다. 바울은 아브라함의 두 아들과 관련된 역사적 사건 배후에 감추어진 현재 의미를 발견하기 위해 알레고리적 해석이 필요함을 역설한다.

하갈이 구약(舊約), 곧 시내산 율법을 가리킨다면, 사라는 신약(新約), 곧 그리스도의 은혜를 가리킨다. 하갈은 시내산에서 종을 낳을 자로 비유되는데, 그곳은 모세가 율법을 받은 장소이다. 하갈과 이스마엘이 종이었던 것과 같이, 모세가 받은 그 율법으로 유대인들은 모두 율법의 종이 되었다. 율법은 죄를 깨닫게 해주지만, 죄 문제를 근본적으로 해결해주지는 못한다. 이러한 시내산 율법이 종의 자녀인 이스마엘과 비유한다. 그런데 율법은 예루살렘을 중심으로 지켜지게 되었고, 예루살렘의 자녀인 유대인들은 율법의 종이 되었다.

26절에서 바울은 이와 대비되는 '위에 있는 예루살렘', 곧 하늘에 있는 예루살렘에 관해서 말한다. 그것은 물론 사라를 지칭한다. 그 여인은 자유인이요, 약속에 따라 이삭을 낳았고, 그를 통해 아브라함의 자손이 퍼졌다. 이와 같이 예수 그리스도께서도 자유인으로 오셨고, 그를 통하여 우리 또한 죄와 율법으로부터 해방되어 자유를 얻게 되었다. 율법 아래 있는 유대인들이 '땅의 예루살렘'에 속한다면, 예수 그리스도를 믿음으로 은혜 아래 있는 이방 그리스도인들은 '하늘의 예루살렘'에 속한다는 것이다.

27절에서는 언약을 가진 자가 '잉태하지 못한 자', '홀로 사는 여인'으로 묘사된다. 물론 사라를 지칭한다. 홀로 사는 여인의 자녀가 남편이 있는 여인의 자녀보다 많다고 한다. 무슨 뜻인가? 율법 아래 있는 육에 따른 '지상선민'(地上選民)인 유대인보다, 은혜 아래 있는 영에 따른 '천상선민'(天上選民)인 이방 그리스도인의 수가 더 많다는 것이다. 우리는 율법을 행함으로써가 아니라, 예수 그리스도를 믿음으로 언약의 자손이 되었고, 천상의 시민이 되었다.

28절에서 바울은 갈라디아교회 교인들이 육체에 따른 자녀가 아니라, 하나님의 약속에 의한 자녀임을 증언한다. 그들은 전에는 이방 죄인이었다. 그러나 사라가 약속에 따라 이삭을 낳았듯이, 이제 그들은 예수를 통해서 하나님의 언약의 자녀가 되었다. 따라서 갈라디아교회 교인들 또한 이삭과 같이 자유인이 되었다.

29절에서 바울은 그때에 '육체에 따라'(kata sarka) 난 사람이 '성령을 따라'(kata pneuma) 난 사람을 박해하듯이, 지금도 그러하다고 말한다. 그때에 육체에 따라 낳은 하갈의 소생인 이스마엘이 언약을 따라 낳은 사라의 소생인 이삭을 조롱하고 괴롭힌다.(창21:9) 그 박해는 현재에도 반복되는데, 이와 같이 지금 율법주의 신앙을 가진 유대인들이 성령으로 거듭난 그리스도인들을 괴롭히고 박해한다는 것이다. 바울 자신도 전에는 그리스도인을 박해하는 데 있어서 선봉에 섰던 사람이었으나 지금은 박해당하는 사람들과 동일한 운명에 처하게 되었다.

30절에서 바울은 또 하나의 구약을 인용한다. "여종과 그 아들을 쫓아내라. 여종의 아들은 자유로운 여인의 아들과 함께 상속을 받지 못할 것이다."(창21:9) 만약 하나님께서 이방 그리스도인들을 상속자로 삼으셨다면, 유대인들은 상속에서 제외된다는 뜻이다. 이스마엘과 이삭이 공존할 수 없듯이, '육에 따른 사람'과 '영에 따른 사람'은 공존할 수 없다. 율법과 은혜가 공존할 수 없듯이, 유대인과 그리스도인은 공존할 수 없다. 여기에서 바울은 유대인의 구원 가능성을 완전히 배제시키고 있다. 이는 로마교회 교인들에 보낸 편지에서 바울이 유대인들의 종말적 구원 가능성을 열어놓고 있는 것과는 대조적이다(참조, 롬11:25 – 32). 이러한 대조는 선교 상황의 다름에서 유래할 것이다.

따라서 갈라디아교회 교인들은 이제 바울과 유대인 사이에서 그리고 율법신앙과 은혜신앙 사이에서 결단하지 않으면 안 된다는 점을 분명히 한다. 그들이 할례를 받고 율법을 지킴으로써 바울의 적대자들인 유대계 율법주의 신앙을 가진 자들을 따르기로 결단한다면, 그것은 곧 갈라디아교회 교인들이 자기 자신들을 은혜로부터 분리시켜 저주 아래 놓이게 하는 것을 의미한다.

31절에서 바울은 율법과 언약을 비교해 오던 단락을 요약하여 마무리 짓고 있다. "우리는 여종의 자녀가 아니라, 자유로운 여인의 자녀입니다." 갈라디아교회 교인들은 자유로운 여자 사라의 자녀인 이삭과 같이 언약에 속한 자들이며, 약속되어 있는 유업을 상속받게 될 자들임을 분명히 한다. 자유로운 여인의 자녀는 누구인가? 오직 예수 그리스도를 믿음으로 하나님 앞에 의롭게 된 이방 그리스도인을 뜻한다. 물론 바울도 이 범주에 포함된다. 우리는 믿음으로 구원받았고 하나님의 유업을 상속할 약속의 자녀가 되었으며 자유인이 되었다. 이제는 더 이상 초등학문에 묶여 율법의 종이 되어서는 안 된다.

제 20 강
그리스도교인의 자유

1. 그리스도께서 우리를 해방시켜 주셔서, 자유하게 하셨습니다. 그러므로 굳게 서서, 다시는 종의 멍에를 메지 마십시오. 2. 나 바울이 여러분에게 말합니다. 여러분이 할례를 받는다면, 그리스도는 여러분에게 아무런 유익이 없습니다. 3. 내가 할례를 받는 모든 사람에게 다시 증언합니다. 그런 사람은 율법 전체를 이행해야 할 의무를 지닙니다. 4. 율법으로 의롭게 되려고 하는 여러분은 그리스도에게서 끊어지고, 은혜에서 떨어져 나갔습니다. 5. 그러나 우리는 성령을 힘입어, 믿음으로 의롭게 하여 주심을 받을 소망을 간절히 기다리고 있습니다. 6. 그리스도 안에서는, 할례를 받거나, 안 받는 것이 문제가 아닙니다. 가장 중요한 것은, 사랑으로 역사하는 믿음입니다. 7. 여러분은 지금까지 잘 달려왔습니다. 그런데 누가 여러분을 막아서, 진리를 따르지 못하게 하였습니까? 8. 그런 꾐은 여러분을 부르신 분에게서 나온 것이 아닙니다. 9. 적은 누룩이 반죽 전체를 부풀게 합니다. 10. 나는 여러분이 다른 생각을 조금도 품지 않으리라는 것을 주님 안에서 확신합니다. 그러나 여러분을 교란시키는 사람은, 누구든지 심판을 받을 것입니다. 11. 형제자매 여러분, 내가 아직도 할례를 전한다면, 어찌하여 아직도 박해를 받겠습니까? 그렇다면 십자가의 거리낌은 없어졌을 것입니다. 12. 할례를 가지고 여러분을 선동하는 사람은, 차라리 그 지체를 잘라버리는 것이 좋겠습니다.(갈5:1-12)

　그리스도인이 더 이상 종의 멍에를 메어서는 안 되는 이유가 무엇인가? 그리스도께서 우리에게 자유를 주셨기 때문이다. 그리스도인이 지향하는 신앙생활의 목표는 무엇인가? 바울은 '자유'(*eleutheria*)라고 서슴없이 말한다. "자유를 위하여 그리스도께서 우리를 자유토록 하셨다"는 것이다. 그리스도인의 자유는 그리스도께서 믿는 사람들을 해방시킨 결과이며, 동시에 그 자유는 그리스도인의 삶의 목표이다. 그리스도를 통한 하나님의 구속사건에 기초한 그 자유는 말뿐만 아니다. 그것은 성령을 통한 경험이다.

　성령을 통해서 주어지는 자유는 세상의 원시종교들과 그 세력들로부터의 해방을 의미한다(4:1–10). 그 자유는 율법과 죄의 노예상태로부터의 해방을 의미하기도 한다(2:19; 4:4). 죽음으로부터의 해방이기도 하며(2:20), 무지와 미신으로부터의 해방이기도 하다(4:8–10). 사회적 압제와 종교–문화적 차별로부터의 해방이기도 하며(3:26–28), 육의 욕망과 정욕으로부터의 해방이기도 하다(5:24). 그 자유는 세상으로부터의 해방을 포함한다(6:14).

그런데 바울은 이 자유를 성령과 동일시한다. "주는 곧 영이십니다. 주의 영이 계신 곳에는 자유가 있습니다"(고후3:17). 그 자유는 그리스도의 해방사건의 결과로 주어지는 것이며, 그것은 곧 그리스도의 십자가와 부활에 참여하는 것을 뜻한다. 그리스도인은 그리스도 안에서 선사된 자유를 굳건히 지키지 않으면 안 된다.

그리스도인의 신앙생활은 어떠해야 하는가? 자유인의 삶이 되어야 한다. 그 어느 것에도 매이지 말아야 한다. 율법에 매어서도 안 되고, 두려움에 매어서도 안 된다. 관습에 매어서도 안 되고, 우상에 매어서도 안 된다. 완전한 자유를 누려야 진정한 그리스도인이라 할 수 있다. 우리가 예수를 바르게 믿고, 십자가를 통한 하나님의 은혜 안에서 산다면, 자유를 느끼고 지켜야 한다. 만약 우리가 근심과 걱정에 매이고, 규례나 탐욕에 매어 산다면 우리의 신앙상태를 한번 점검해 보아야 한다.

그러면 신앙생활을 하는 데 있어서 우리의 자유를 구속하는 것들로는 무엇이 있는가? 첫째는 경제적인 가난을 들 수 있다. 너무 가난에 찌들면, 양심의 자유를 구속당하고 싶지 않은 일도 하지 않으면 안 된다. 그렇기 때문에 너무 가난하면 자유로울 수 없다. 둘째로 무지를 들수 있다. 모르는 사람은 아는 사람의 말을 따를 수밖에 없다. 무식하면 뜻하는 바를 설명할 수도 없고, 뜻하는 바를 행할 수도 없다. 무지는 우리를 부자유하게 만든다. 셋째는 고정관념이 우리를 부자유하게 한다. 고정관념이나 한 생각에 사로잡혀 있으면 다른 사람의 의견이 귀에 들어오지 않는다. 신앙의 자유나 양심의 자유는 고정관념을 내려놓는 것과 연관되어 있다.

본문은 그리스도께서 우리를 자유하게 하기 위해서 자유를 주셨다고 말한다. 그리스도인이 누리는 자유는 내 힘으로 쟁취한 것이 아니라는 데 특징이 있다. 그것은 하나님으로부터 선사된 자유이다. 내 힘으로 쟁취한 자유는 영구히 지킬 수 없다. 언젠가는 다른 사람에 의하여 박탈당하게 되어 있다. 하나님께서 주시는 자유만이 영구할 수 있다. 바울은 그리스도께서 우리를 자유하게 하셨다고 말한다. 자유는 곧 존재의 변화문제이다. 그리스도를 통하여 종의 신분에서 자유인의 신분으로 존재의 변화가 일어나게 되었다. 죄의 자녀 신분에서 하나님의 자녀 신분으로 존재의 변화가 일어나게 된 것이다.

우리의 자유는 엄청난 대가를 치르고 주어진 것이다. 예수 그리스도의 십자가 죽음이 우리로 하여금 자유롭게 하신 것이다. 따라서 우리가 얻은 자유는 그 어느 것보다도 고귀히고 값진 것이디. 이렇게 소중하게 얻은 자유이기에, 바울은 "굳게 서서 다시는 종의 멍에를 지지 말라"고 한다. '굳게 서다'는 헬라어 '스테케테'(stekete)는 군대용어이다. 부동의 차렷 자세를 뜻한다. 이와 같이 깨어있는 부동자세로 주어진 자유를 지키라는 것이다. 값비싼 자유가 값없이 주어졌으니, 우리가 해야 할 일은 말씀 위에 굳게 서서 그것을 지키는 일뿐이다.

자유인은 어떠한 사람인가? 첫째로 과거에 매이지 않은 사람이다. 과거로 생각이 돌아가서는 안 된다. 현대에 살고 있으면서 여전히 봉건주의적 의식에 사로잡혀서는 자유인이 될 수 없다. 예수를 믿는 사람들 중에도 과거에 매어 사는 사람들이 있다. 그리스도를 통하여 새로운 피조물로 태어났음에도 불구하고, 존재의 변화를 체험했음에도 불구하고 여전히 옛 습관에 매어 사는 사람이 부지기수이다. 예수를 믿는다고 하면서도 옛 풍습과 낡은 고정관념에 그대로 사로잡혀 살고 있다면, 그것은 주께서 주신 자유를 지키지 못한 사람이다.

2절에서 바울은 말한다. "여러분이 만일 할례를 받는다면, 그리스도께서 여러분에게 아무 유익이 없을 것입니다." 할례를 받게 되면, 예수께서 인류의 죄를 한 몸에 짊어지시고 심판받으신 것이 그들과 아무 상관이 없다는 것이다. 갈라디아교회 교인들은 예수를 믿지 않은 것이 아니었다. 예수를 믿지만, 거기에다 율법이나 할례를 더 보태겠다는 것이다. 이 말은 율법과 은혜를 섞겠다는 것이다. 이것은 예수의 공로를 허사로 돌리는 행위이다. 예수의 구원은 완전한 것이기 때문에, 거기에다 무엇을 더하거나 빼서도 안 된다. 만약 무엇을 보태려 한다면, 그것은 예수의 구원과 멀어지는 결과를 초래하게 된다. 율법을 행함으로 의롭다 함을 인정받으려 한다면, 그리스도와 더 이상 상관이 없게 되고, 하나님의 은혜에서 끊어지게 될 것이다. 구원에 있어서 율법과 은혜는 공존의 관계가 아니다.

둘째로 자유인은 형식주의에 매여서 행동해서는 안 된다. 율법의 규례나 형식을 무시할 수는 없지만, 그것들에 매여서는 안 된다. 형식보다는 내용이나 본질이 더 중요시되어야 한다. 영과 진리로 생각하고 판단하고 행동해야 한다. 그래야 자유인이 될 수 있다.

셋째로 자유인은 부분적인 타협을 용납하지 않는다. 그리스도께서 주신 자유는 온전하기 때문이다. 다른 것을 보충할 필요가 없다. 자유와 구원을 얻기 위해서는 믿음 하나만으로 족하다. 율법이나 할례를 보충할 필요가 없다.

그러면 우리가 어떻게 자유를 지킬 수 있는가? 성령 안에서 지킬 수 있다. "주는 영이시니, 주의 영이 계신 곳에는 자유로움이 있습니다"(고후3:17). 성령의 역사가 있는 곳에 자유가 있다. 성령은 무엇인가? 그리스도의 영이다. 그리스도의 영이 내 안에 있고, 그리스도의 말씀이 내 안에 있고, 그리스도의 뜻이 내 안에 있을 때 우리는 진정 자유로운 존재가 된다. 로마서에서 바울은 "그리스도 예수 안에 있는 생명의 성령의 법이 죄와 사망의 법에서 여러분을 해방했습니다"라고 한다(롬8:2). 성령 안에서만 온전한 자유가 있고, 온전한 구원과 해방이 있다.

성령 안에서 어떤 역사가 이루어지는가? 성령으로 말미암아 우리는 희망을 가지게 된다. 5절에서 "우리가 성령으로 믿음을 좇아 의의 소망을 기다리노니"라고 말한다. 의의 소망은 무엇인가? 그것은 새 하늘과 새 땅에 대한 희망이며 종말론적인 희망이다. 그곳은 예수 그리스도를 통하여 의롭다 함을 인정받은 사람들만이 거하는 새 예루살렘이다. 이러한 희망은 성령을 통해서 주어진다. 이러한 희망을 품을 때 진정한 자유가 주어진다. 우리가 하나님 나라에 희망을 두고 산다면 물질, 명예, 세상에 매여 살아서는 안 된다. 성령 안에서 하늘나라 소망을 가지고 살 때 진정한 자유인이 될 수 있다.

그런데 그 희망은 믿음(*pistis*)을 전제한다. 믿음은 우리 스스로 애쓰고 힘써서 획득되는 것이 아니다. 믿음은 공로가 될 수 없다. 그것은 하나님의 거저 주시는 선물이다. 구원이 선물이라면, 믿음 역시 선물이다. 따라서 성령의 역사가 없다면, 믿음도 생기지 아니한다.

6절에 따르면 "그리스도 예수 안에서는 할례나 무할례가 효력이 없되, 사랑으로써 역사하는 믿음뿐이다"라고 한다. 우리가 자유하지 못할 때 까다롭게 따지는 것이 많다. 마음이 너그럽고 자유로워지면, 다른 사람을 대할 때 여유가 생기게 된다. 내 마음이 무엇에 매어 있을 때, 만사에 짜증이 나고 불평이 생기게 된다. 할례는 받아도 그만이요, 받지 않아도 그만이다. 사랑으로 역사하는 믿음만 있으면, 다 경계를 초월해도 문제가 되지 않는다. 사랑받고 그리고 사랑할 때 우리는 진정한 자유를 누릴 수 있다. 사랑이 있을 때 타인의 허물을 덮어줄 수 있고, 어려운 문제도 인내할 수 있다. 사랑이 식으면 잡음이 많아진다. 비판도 많아지고, 까다로운 것도 많아지며, 복잡해진다. 사랑이 있으면 할례나 무할례가 문제되지 않는다. 이방인도 유대인도, 종이나 자유자도, 여자나 남자도 문제되지 않는다. 사랑 안에 있을 때 경계를 초월하여 진정한 자유가 주어진다. 서로 사랑하는 삶을 살 때 비로소 우리는 참자유를 얻게 될 것이다.

제 21 강
올바른 자유행사

13. 형제자매 여러분, 하나님께서는 여러분을 부르셔서, 자유하게 하셨습니다. 그러나 여러분은 그 자유를 육체의 욕망을 만족시키는 구실로 삼지 말고, 사랑으로 서로 섬기십시오. 14. 모든 율법은 '네 이웃을 네 몸과 같이 사랑하여라' 하신 한 마디 말씀 속에 다 들어 있습니다. 15. 그런데 여러분이 서로 물고 먹으면, 양쪽 다 멸망하고 말 것이니, 조심하십시오." (갈5:13 - 15)

그리스도교 복음의 핵심내용은 자유이다. 무엇으로부터의 자유인가? 첫째, 죄의 형벌로부터의 자유이다. 예수를 믿음으로 인해서 죄에서 용서함을 받고 의롭다 인정받았기 때문이다. 둘째, 사망의 권세로부터 자유하게 되었다. 그리스도께서는 죽음에서 다시 살아나 부활하였다. 그리스도인은 십자가와 부활에 동참함으로써 영생을 얻게 된다. 셋째, 율법으로부터 자유하게 되었다. 하나님의 자녀는 더 이상 율법의 지배를 받지 아니한다. 하나님의 은혜 안에 머물러 있게 된다.

누가복음 저자는 갈릴리에서 전한 예수의 첫 설교를 다음과 같이 전한다: "주의 영이 내게 임하셨다. 주께서 내게 기름을 부으시어 가난한 사람들에게 기쁜 소식을 전하게 하시고, 포로들을 자유롭게 하고, 눈먼 사람을 다시 보게 하고, 억눌린 사람들을 풀어주며, 주의 은혜의 해를 선포하는 것이다."(눅4:18-19) 이와 같은 자유와 해방이 예수께서 선포한 복음의 핵심을 이루고 있음을 알 수 있다.

13절에서 바울은 하나님께서 주신 자유(*eleutheria*)가 '육체를 위한 기회'(*aphorme te sarki*)가 될 수 있음을 인정한다. '아포르메'(*aphorme*)는 본래 군사용어로써 '작전기지'를 뜻하는데, 구실, 기회의 뜻도 담고 있다. 그리스도인은 죄(1:4; 2:15-17)와 율법(2:16-19; 3; 13)에서 해 방된 존재이다. 세상의 원시종교들(4:9)로부터 해방된 존재이다. 비록 성령 안에서 해방된 존재이지만(3:2.5), 그리스도인은 여전히 세계에서 는 '육 안에'(*en sarki*) 있는 존재이다.

인간은 육으로 실존한다(2:20; 4:14). 육과 피를 가진 존재이며, 육은 영을 거슬러 언제나 '탐욕과 성적 충동을 불러일으킨다.'(5:16-17). 설 령 성적 욕망이나 탐욕과 함께 육을 십자가에 못박았다 하더라도(5:24), 그렇다고 해서 육성(肉性)이 완전히 제거된 것은 아니다. 세상에 살고 있는 한, 육의 성향은 여전히 그리스도인에게도 위협적으로 작용한다. 헬라어 '사르크스'(*sarks*)는 육체적 본능만을 가리키는 것이 아니다. 그 것은 영에 반대되는 개념이고 동시에 하나님의 법에 반대되는 모든 것 을 총칭하는 개념으로 사용되고 있다.

그리스도인은 주어진 자유를 육체의 욕망을 채우는 기회로 삼아서는 안 된다. 그리스도께서 주신 자유는 방종, 범죄, 비행을 조장하는 것이 아니다. 육체의 향락을 위한 자유도 아니다. 그것은 하나님을 섬기기 위한 자유요, 자기를 제어하는 자유이다. 그래서 바울은 그리스도께서 우리에게 주신 자유를 육체의 기회로 삼아서는 안 된다고 한다.

자유는 언제나 "……으로부터의 자유"(freedom from -)이며 동시에 "……으로의 자유"(freedom to -)이다. 자유에 있어서 완충지대는 없다. 자유는 언제나 방향성을 갖는다. 그리스도인은 자신을 '육의 기지'에 내어맡기거나, 아니면 '영의 기지'로 맡긴다. 자유는 우리로 하여금 성 령의 열매를 맺거나 아니면 육의 열매를 맺도록 한다.

주어진 자유를 육을 위한 기회로 삼는다는 것은 무엇을 뜻하는가? 그 것은 율법으로 돌아감을 뜻한다. 세상의 원시종교로 돌아가고, 공로사상 으로 돌아가는 것을 뜻한다. 예수 믿기 이전의 상태로 돌아감을 뜻한다. 우리는 자신에게 주어진 자유를 육의 기지에 내어맡길 때 자유를 상실하게 된다. 자유의 상실은 율법과 죄를 가져오고 심판을 초래한다.

자유를 육의 기회로 삼는다는 구절에서 바울은 갈라디아교회 교인들의 방종이나 비행을 염두에 두고 있는 것 같다(6:1). 그 내용이 무엇인지에 대하여 구체적인 언급이 없지만, 그들의 비행과 방종은 아마도 그리스도를 통하여 자유로운 존재가 되었다는 논리하에 정당화되었을 것이다. 그러나 그러한 자유행사가 오히려 교회에 덕을 세우지 못하고 공동체 구성원 사이에 위화감을 조성했을 것이다. 바울은 갈라디아교회 교인들이 그리스도를 통해서 자유로운 존재가 되었음을 강조하기는 했으나, 그 자유의 내용이 구체적으로 무엇이 되어야 하는가에 대해서는 가르침이 없었다. 그리스도께서 주신 자유로 인하여 기존의 가치관이나 관습이 폐기처분된 상황과 아직 새로운 자유의 법이 만들어지지 아니한 상황 사이에서 이러한 비행들이 발생했다.

옛 법은 폐기되었고 새로운 법은 아직 형성되지 아니한 과도기적 상황에서 갈라디아교회의 대표자들은 구체적인 도움이 필요했고, 바울의 반대자들은 그들의 요구에 부응하는 대안을 제공하였다. 그것은 다시 옛 법으로 돌아가는 것이었다. 곧 율법으로 돌아감으로써 그 문제들을 해결할 수 있다고 생각했을 것이다.

이러한 상황에서 바울은 율법과 할례를 무조건 반대한다고 해서 문제가 해결된다고 생각하지 않았다. 그는 구체적 대안을 제시하지 않으면 안 되었다. 도대체 율법으로 돌아가지 않고 어떻게 자유를 지킬 수 있는가? 바울은 제시한 대안은 아가페 사랑의 실천이다. "오히려 사랑으로 서로 종이 되십시오"(*dia tes agapes douleuete allelois*).

그리스도인이 자유를 지키고 행사할 수 있는 유일한 길은 무엇인가? 그것은 서로 사랑하는 길뿐이다. 아가페는 자기희생에 근거한 사랑을 뜻한다. 보상을 바라지 않고 베푸는 사랑을 뜻한다. 그 어느 것에도 미련을 두지 않고 마음을 내어 사랑하는 것을 뜻한다. 그리스도인의 자유는 이러한 아가페를 중심내용으로 한다는 것이다.

예수 그리스도의 삶에서 진정한 자유인의 모습을 찾아볼 수 있다. 예수의 삶은 어떠했는가? 예수는 자기가 가지고 있는 모든 것을 이웃을 위해서 내어주었다. 그는 어떠한 대가도 바라지 않고 자기 목숨까지 바치며 이웃을 사랑하였다.

바울에게 있어서 그리스도인의 자유행사는 곧 아가페의 실천을 말한다. 바울은 이 자유를 역설적으로 표현한다. 그것은 곧 아가페 사랑을 실천함으로써 서로 종이 되는 자유이다. 율법의 노예와 사랑의 노예 사이에는 차이가 있다. 율법의 종이 억압적이고 강제성을 띠고 있다면, 사랑의 종은 자율적이고 능동성을 그 특징으로 한다. 율법의 종으로부터 자유로운 상태는 무엇인가? 곧 사랑을 실천하며, 사랑으로 종이 되는 것이다.

사랑의 종이 된 사람은 상대방을 미워하거나 비판할 수 없다. 상대방을 사랑할 의무밖에 없다. 사랑 때문에 지게 되는 짐을 무겁다고 생각하는 사람은 없다. 상대방이 짐이라고 생각되면, 그것은 더 이상 사랑이 아니다. 바울은 이러한 그리스도의 사랑에 매료되어 미친 듯이 살았다. "나에게 있어서, 사는 것이 그리스도니 죽는 것도 유익합니다"(빌1:21). 그는 고난을 당하면서도 복음을 전하며 기쁨으로 로마에서 순교를 당한다. 그런 가운데서 바울은 진정한 자유를 누렸던 것이다. 이와 같이 그리스도인의 자유는 사랑, 희생, 헌신 속에서 이루어진다. 육적 자유를 스스로 포기할 수 있는 사람만이 진정 자유로울 수 있다.

14절에서 "모든 율법은 '네 이웃을 네 몸처럼 사랑하라'는 말씀 속에 다 들어있다"고 한다. 바울은 레위기 19장 18절의 말씀을 근거로 한 예수의 말씀을 인용하고 있다(마22:39-40; 막12:31; 눅10:27). 율법의 기본강령은 무엇인가? "'네 마음을 다하고 네 목숨을 다하고, 네 뜻을 다하여, 주 너의 하나님을 사랑하여라' 하였으니, 이것이 가장 중요하고 으뜸가는 계명이다. 둘째 계명도 이것과 같은데, '네 이웃을 네 몸과 같이 사랑하여라' 한 것이다. 이 두 계명에 모든 율법과 예언자들의 본뜻이 담겨있다."(마22:37-40) 예수는 나와 이웃을 둘로 갈라놓고 별개의 존재로 보지 않았다. 유기적으로 연결된 한 몸으로 보았다. 따라서 자기 사랑과 이웃사랑을 하나의 사건으로 보았다. 나를 이롭게 하는 것이 이웃을 이롭게 하는 길로 연결되어야 하고, 동시에 이웃을 이롭게 하는 것이 결국에는 나를 이롭게 하는 일과 연결되지 않으면 안 된다. 자리이타적(自利利他的)인 사랑의 실천이야말로 예수의 삶과 가르침의 핵심임을 알 수 있다.

유대인은 율법을 행해야 하지만, 그리스도인은 그것을 완성해야 한다. 바울은 율법의 행함과 율법의 완성을 구별한다. 율법은 어떻게 완성되는가? 사랑의 실천을 통해서이다. 율법이 유대인에게 행하지 않으면 안 되는 강제성을 띤 금지사항(요구)으로 다가온다면, 그리스도인에게 율법은 사랑의 실천으로 다가온다. 그것은 구원과 해방의 결과요 성령의 은사체험의 자발성에 근거한다. 유대인은 율법을 행하지만, 그리스도인은 자발적인 사랑의 실천을 통해서 율법을 완성한다(6:9-10). 이웃을 나 자신처럼 사랑하게 될 때 자연스럽게 율법이 완성된다.

15절에서 바울은 경고를 곁들인다. "여러분이 서로 물고 찢으면 피차 망할 것이니 조심해야 합니다." 사랑이 없으면 남는 것은 무엇인가? 피차 물고 뜯는 일밖에 없다. 그리하면 서로 멸망할 뿐이다. 세상은 싸움터가 된다. 여기에서 바울은 짐승과 같은 행위를 사랑의 행위와 날카롭게 대조시킨다. 율법주의자들은 서로 비난하고, 율법의 척도로 상대방을 비난한다. 이러한 대립된 상황에서 인간적인 갈등이 증폭되기 마련이다. 그러나 사랑은 상대방을 존중하며 허물을 덮어준다. 우리에게 주어진 자유를 바르게 행사하지 않고, 육체의 기회로 삼을 때 서로 물고 뜯어 결국에는 그리스도에게서 떠나 자유를 상실하게 되고 영적 파

멸을 자초하게 된다. 사랑은 모든 율법을 완성하고 우리의 자유를 지켜 준다.

그리스도의 사랑을 잃어버린 그리스도인은 마치 맛을 잃은 소금처럼 사람들에게 손가락질을 받는 쓸모없는 존재가 될 것이다.

제 22 강
육체의 일과 성령의 열매

　16. 내가 또 말합니다. 여러분은 성령께서 인도하여 주시는 대로 살아가십시오. 그러면 육체의 욕망을 따라 살아가지 않게 될 것입니다. 17. 육체의 욕망은 성령을 거스르고, 성령이 바라시는 것은 육체를 거스릅니다. 이 둘이 서로 적대관계에 있으므로, 여러분은 자기가 원하는 일을 할 수 없게 됩니다. 18. 그런데 여러분이, 성령께서 인도해주시는 것을 따르면, 율법 아래 있는 것이 아닙니다. 19. 육체의 행실은 분명합니다. 곧 음행과 더러움과 방탕과, 20. 우상숭배와 마술과 원수맺음과 다툼과 시기와 분노와 이기심과 분열과 분파와, 21. 질투와 술취함과 흥청거리는 연회와, 또 이와 비슷한 것들입니다. 내가 전에도 여러분에게 경고하였지만, 이제 또 다시 경고합니다. 이런 일을 하는 사람들은 하나님의 나라를 유업으로 받지 못할 것입니다. 22. 그러나 성령의 열매는 사랑과 기쁨과 평화와 인내와 친절과 선함과 신실과, 23. 온유와 절제입니다. 이런 것들을 금할 법은 없습니다. 24. 그리스도 예수께 속한 사람은 정욕과 욕망과 함께 자기의 육체를 십자가에 못박았습니다. 25. 우리가 성령으로 생명을 얻었으니, 우리는 성령의 인도해 주심을 따라 살아갑시다. 26. 우리는 허영에 들뜨거나, 서로 노엽게 하거나, 질투하거나 하지 않도록 합시다.(갈5:16 - 26)

　그리스도인은 누구인가? 생활의 중심에서 예수를 '몸 주'로 섬기며 사는 사람이며, 그리스도의 영에 이끌리어 사는 사람을 일컬어 그리스도인이라고 한다. 우리 속에 그리스도의 영이 없으면, 그리스도의 사람이 아니다(롬8:9). 16절에서는 "성령을 좇아 행하는"(*pneumati peripateite*) 사람을 일컬어 그리스도인이라고 한다. 페리파테인(*peripatein*)이라는 동사는 원래 문자적으로 '걷다'라는 의미를 지니는데(마9:5), 이것은 인간의 본질적인 '삶의 방식'을 표현하는 개념이다. 삶의 방식은 인간의 '삶의 행동'을 결정하고, 행동은 '삶의 질'을 결정한다. 바울은 이 개념을 '살다' 또는 '행하다'는 의미로 사용한다. 히브리어 할라크(*halak*)는 '걷다'라는 뜻을 지니고 있는데, '도를 행하다'는 의미로도 사용된다(신5:33; 8:6; 잠8:32). 그 사람이 어떻게 살고 있느냐(how)를 보면, 그가 어떤 인간인가(what)를 알 수 있다.

　인간의 삶의 방식에는 대체로 세 가지 유형이 있다. 첫째, '육체 주도형' 인간이 있다. 이들은 욕망이나 감성에 이끌리어 살며, 그것을 채우는 것이 삶의 목표가 된다. 이 유형은 매사를 육체적 가치나 욕망에 매어 생각하고 행동한다. 둘째, '이성 주도형' 인간이 있다. 사람에게는 옳고 그름을 판단할 수 있는 능력이 있고, 합리적으로 사고할 수 있는 능력이 있다. 이런 사람은 비판의식이 강하고, 이성의 능력에 이끌리어 산다. 도덕적이고 윤리적인 사람 가운데 이성 주도형이 많다. 셋째, '성령 주도형' 인간이 있다. 이런 사람은 육체적 욕망과 이성적 판단에 따라 판단하거나 행동하지 않고, 일차적으로 하나님의 뜻이 무엇인가를 깊이 헤아리고 그에 따라 사고하고 행동한다. 성령의 인도로 살고(18절), 성령으로 살며(25절), 성령으로 행한다(25절). 성령에 이끌리어 사는 그리스도인이 성령 주도형 인간이라고 말할 수 있다.

17절에 의하면 육체의 욕망은 성령을 거스르고, 성령의 바람은 육체를 거스른다고 한다. 바울은 여기에서 육체(*sarks*)와 성령(*pneuma*)을 적대적인 관계로 설명한다. 육과 성령의 관계는 '이것도 저것도'(not only A but also B)가 아니라, '이것이냐 저것이냐'(either A or B) 양자택일의 관계이다. 극과 극의 관계요, 상호 대립적인 관계로 이해된다.

인간은 항상 무엇인가에 끌려 살아간다. 문제는 내가 어느 편에 서고, 어느 편에 이끌리어 살아가고 있느냐이다. 인간의 삶에서 중립은 있을 수 없다. 그런 면에서 인간에게 자유란 존재하지 않는다. 참자유는 둘 중 하나를 선택했을 때 비로소 얻어진다. 적대적인 관계에서 한쪽을 선택함으로써 다른 한쪽으로부터 자유로울 수 있다. 성령에 따라 살므로 우리는 육적인 욕망이나 이성적인 판단으로부터 자유로울 수 있다. 육의 욕망으로부터 해방되기 위해서는 성령의 인도로 사는 길밖에 없다.

육체의 행실은 무엇인가? 19절 이하에서 바울은 육의 행실에서 나타나는 15가지 악덕목(惡德目)을 제시한다. 감각적인 죄악, 종교적인 죄악, 사회적인 죄악이 그것이다. 감각적인 죄악으로는 음행(porneia), 더러움(*akatharsia*), 방탕(*aselgeia*)을 들고 있다. 이것들은 모두 육체의 욕망과 관계되어 있다. 포르네이아는 부정한 성(性) 행위를 말한다면 아카타르시아는 도덕적인 불결한 행위를 말한다. 아셀게이아는 무절제한 삶을 말한다. 종교적인 죄악으로는 우상숭배와 마술을 들고, 사회적인 죄악으로는 원수맺음이 있다. 싸움, 시기, 분노, 반목, 분열, 분파, 질투, 술 취함, 흥청대며 먹고 마시는 것도 여기에 속한다.

육체의 행실로 나타나는 15가지의 악덕 목록을 열거한 다음 바울은 '이를 경계하라'고 한다. 왜 그런가? 그리스도께서 주신 자유를 육체의 욕망을 채우는 데 사용한다면, 성령이 우리에게서 떠나고 말기 때문이다. 21절에서 바울은 말한다. 그런 사람은 결단코 '하나님 나라'(*basileia theou*)를 유업으로 차지할 수 없음을 분명히 한다. 그리스도를 믿는 신앙 안에서 성령의 인도로 사는 사람만이 하나님 나라의 유업을 받게 될 것이다.

22절에서 이제 바울은 '성령의 열매'(*ho karpos tou pneumatos*)에 관해서 말한다. 사랑, 희락, 화평, 오래 참음, 자비, 선함, 신실, 온유, 절제가 그것이다. 성령의 열매는 보다 근원적인 생명력을 의미한다. 좋은 열매를 맺으려고 노력하는 것보다, 먼저 좋은 나무가 되도록 노력해야 한다. 좋은 나무에서는 저절로 좋은 열매들이 맺게 되어 있다. 좋은 나무는 되지 못하면서 좋은 열매만 기대하는 것은 잘못이다.

성령이 우리 안에 계셔서, 우리의 인격과 마음을 전부 다스리고, 우리의 삶을 주도하게 되면, 자연스럽게 열매를 맺게 된다. 이것이 곧 성령의 9가지 열매이다. 성령의 열매를 맺기 위해서는 세 가지 사항을 고려해야 한다. 첫째는 씨앗의 문제이다. 먼저 성령의 씨앗이 내 안에 심겨져야 한다. 세상의 잡다한 것들이 심겨지면 성령의 열매를 맺을 수 없다. 성령의 종자가 내 안에 심겨지고 뿌리를 내리도록 해야 한다. 이것은 신앙의 질적인 문제이다. 둘째로 수용의 문제이다. 성령의 씨앗이 심겨질 때, 그것을 받아들여야 열매를 맺을 수 있다. 하나님의 말씀을 귀로 들어도 마음으로 받아들이지 않으면 열매를 맺을 수 없다. 셋째로 그 씨앗이 성장할 수 있는 조건을 만들어주어야 한다.

성령의 열매는 세 범주로 구분할 수 있다. 하나님과의 관계성 속에서 맺는 사랑, 희락, 화평의 열매가 있다. 이웃과의 관계성 속에서 맺어야 하는 인내, 자비, 선함의 열매가 있다. 자기 자신과의 관계성 속에서 맺는 신실, 온유, 절제의 열매가 있다.

사랑을 나타내는 헬라어에는 4가지가 있다. 남녀 간의 애정에 근거한 에로스(*eros*)가 있는가 하면, 친구 사이의 우정에 근거한 필리아(*philia*)가 있다. 부모자식 간의 혈육에 근거한 스토르게(*storge*)가 있는가 하면, 하나님의 무조건적인 사랑에 근거한 아가페(*agape*)가 있다.

여기에서 말하는 성령의 열매는 아가페를 말한다. 성령이 우리 안에 계시면 신적인 아가페 사랑이 열매를 맺게 된다. 희락(*chara*)은 하나님의 은사로 주어진다. 이것은 세상에서 오는 것도 상황에 따라서 변하는 기쁨도 아니다. 우리가 그리스도의 은혜를 깨달을 때 주어지는 기쁨이다. 카라는 상황에 따라 변하는 상대적인 기쁨을 넘어선 절대적인 기쁨이며 성령 안에서 주어지는 기쁨을 뜻한다. 세 번째 성령의 열매는 화평(*eirene*)이다. 에이레네는 히브리어 샬롬(*shalom*)과 같은 의미를 지닌다. 힘으로 강제된 평화(*pax*)가 아니라, 하나님과의 바른 관계성 속에서 주어지는 평안(peace)을 뜻한다.

성령의 네 번째 열매는 오래 참음(*makrothymia*)이다. 마크로(long) 투미아(mind)는 잠깐 동안 참는 것을 말하지 않는다. 문제의 소지가 완전히 해소되어 더 이상 참을 필요가 없을 때까지 참는 것을 뜻한다. 이러한 오래 참음이 성령의 열매이다. 다섯 번째는 자비(*krestotes*)이다. 크레스토테스는 친절함을 뜻하는데, 성령이 우리 안에 거하게 되면, 누구든지 친절하게 대하게 된다. 여섯 번째 양선(*agathosyne*)은 적극적이고 능동적인 친절을 뜻한다. 그것은 손을 내미는 사람에게 수동적으로 친절을 베푸는 것이 아니라, 찾아가서 선을 베푸는 것을 뜻한다. 일곱 번째는 충성(*pistis*)이다. 피스티스는 믿음, 신실을 뜻한다. 성령이 충만할 때 신실성이 생기고 믿음의 사람이 된다. 여덟 번째는 온유(*prautes*)이다. 프라우테스는 잘 길들여진 온순한 말을 가리킨다. 고집이 세고 모나게 행동하는 사람은 아직 성령의 열매를 맺지 못한 사람이다. 십자가야말로 온유함의 극치이다. 아홉 번째 열매는 절제(*engkrateia*)이다. 엥크라테이아는 원래 자기를 다스리는 것(self control)을 뜻한다. 성령이 충만할 때 자기 욕심, 게으름, 시기, 질투, 교만을 다스릴 수 있게 된다.

우리는 신앙생활을 하면서 이와 같은 성령의 9가지 열매를 맺고 있는가? 아니면 그중에 몇 개라도 맺고 사는가? 아니면 전혀 없는가? 이것은 인간의 노력으로 안 된다. 십자가를 바라보고 하나님을 향하여 마음 문을 활짝 열 때 주어진다. 이어서 바울은 이런 것들을 금할 법이 없다고 한다. 무슨 뜻인가? 성령의 열매는 그 자체가 율법이 아니요, 그것들은 율법에 저촉되지도 않는다는 것이다. 율법을 준수하지 않고서도, 성령의 열매를 맺는 삶을 살 수 있다. 그리스도인에게는 율법 준수보다 성령의 열매를 맺는 삶이 더 중요하다는 것을 바울은 여기에서 강조한다.

24절에서는 육의 열매와 성령의 열매 사이의 이원론적 관계를 더욱 분명하게 설명한다. "그리스도에게 속한 사람들은 정욕과 욕망과 함께 그들의 육신을 십자가에 못박았습니다." 그리스도인은 누구인가? 일차적으로 그리스도에게 속한 자이다. 우리는 누구에게 소속되어 있는가? 예수에게 소속되어 있다는 자의식을 분명히 가져야 한다. 그리스도인의 자기 정체성은 예수 그리스도에게서 찾아져야 한다. 예수에게 소속된 사람은 정욕, 욕망, 육신을 십자가에 못박은 사람이다. 그리스도에게 속한 사람은 별세(別世)를 경험해야 한다. 별세해야 산다. "내가 그리스도와 함께 십자가에 못박혔나니 이제 내가 산 것은 내가 아니요, 내

안에 그리스도가 사신 것이라."(갈2:20)

참 그리스도인은 죽음을 체험해야 한다. 자아가 완전히 죽어야 한다. 내가 죽지 않으면 하나님께서 죽도록 만드신다. 스스로 두 손 들고 항복하게 만드신다. 죽는 체험이 있고서야 비로소 사는 체험을 할 수 있다. 십자가 체험이 있어야 부활을 체험할 수 있다. 육체의 욕망을 십자가에 못박은 사람들이 다름 아닌 그리스도인이다. 진정한 해방과 자유는 육의 욕망에 사로잡히지 않을 때 성령 안에서 선사되는 것이다.

제23강
그리스도의 법

1. 교우 여러분, 어떤 사람이 어떤 죄에 빠진 일이 드러나면, 성령의 지도를 받아 사는 여러분은 온유한 마음으로 그런 사람을 바로잡아 주고, 자기 스스로를 살펴서, 유혹에 빠지지 않도록 조심하십시오. 2. 여러분은 서로 남의 짐을 져 주십시오. 이런 방법으로 그리스도의 법을 성취하십시오. 3. 어떤 사람이 아무 것도 아니면서 무엇이 된 것처럼 생각하면, 그는 자기를 속이는 것입니다. 4. 각 사람은 자기 행실을 살펴보십시오. 그러면 자기에게는 자랑거리가 있더라도, 남에게까지 자랑할 것은 없을 것입니다. 5. 사람은 각각 자기 몫의 짐을 져야 합니다.(갈6:1-5)

바울은 그리스도인을 '형제들'(*adelphoi*)이라고 부른다. 그리스도인은 한 분 하나님의 자녀이며 교회는 하나의 운명 공동체임을 재천명하고 있다. 형제자매 사랑을 근거로 바울은 교우들에게 권면한다. 갈라디아 교회 교인들 중에 범죄한 사람이 있었던 것 같다. 범죄한 사실이 드러나자 그 문제를 갈라디아교회는 율법주의 신앙으로 돌아가 해결하려고 하였다.

일반적으로 범죄를 일컫는 말로 가장 많이 쓰이는 용어는 '하마르티아'(*hamartia*)이다. 이 개념은 본래 '화살이 과녁에서 빗나간 상태'를 가리킨다. 범죄를 나타내는 다른 말로 '아노미아'(*anomia*)가 있는데, 이것은 일반적으로 불법을 저질렀을 때 쓰이는 개념이다. 이 두 개념은 고의적인 범죄행위, 곧 형법적인 의미에 있어서 범죄행위를 뜻한다. 죄를 지칭하는 또 다른 개념으로 '파라프토마티'(*paraptomati*)가 있다. 이 개념은 본래 얼음 위에서 발을 헛디뎌서 넘어지는 것을 가리킨다. 고의성 없이 실수를 통해서 야기된 과실범이 여기에 속한다. 1절에서는 실수로 인한 범죄를 나타내는 파라프토마티마가 사용되고 있다.

교회 공동체 내에서 이러한 범죄가 '드러나거든'에 해당되는 '프로렘

프테'(*prolemfthe*)는 범죄 현장의 발각을 가리킨다. 비록 과실로 인한 범죄라 하더라도 심증이나 소문이 아니라, 범죄행위에 대한 물적 증거가 구체적으로 드러나게 되는 경우 이 개념을 쓴다. 비록 고의성이 없다 하더라도, 공동체 안에서 범죄행위가 명백하게 드러난 경우, 이에 대하여 교회는 어떻게 대응해야 하는가?

바울은 그러한 범죄를 고발한 사람들을 향하여 말한다: "성령으로 사는 여러분은 온유한 마음으로 이 사람을 바로잡아 주어야 합니다." 고발자들을 바울은 '성령의 인도함으로 사는 사람들'(*hoi pneumatikoi*) 이라고 부른다. 이것은 '육에 따라 사는 사람들'(*hoi sarkikoi*)과 반대되는 개념으로 사용되고 있다. 공동체 안에서 성령으로 사는 사람들은 죄지은 자들을 '온유한 마음으로'(*pneumati prautetos*) 대하고 그들의 잘못을 바로 잡아주어야 한다고 권면한다. 동시에 그들의 범죄를 반면교사로 삼아 스스로를 성찰하는 계기로 삼으라고 한다. 범죄를 한 사람보다 고발자들의 독선적인 태도가 공동체의 하나됨을 더 위협한다는 사실을 바울은 예리하게 간파하고 있다.

범죄자들을 '바로 잡으라'(*katartizete*)고 한다. '카탈티제테'는 탈골된 뼈를 교정한다는 뜻이다. 바로잡아야지 그들을 정죄하거나 심판해서는 안 된다. 우리는 공동체 안에서 죄를 지은 형제들을 정죄하거나 심판할 권리가 없다. 심판하시는 분은 하나님 한 분뿐이기 때문이다. 이 점을 잊지 말아야 한다. 누구를 심판하고 정죄하려 든다면 그것은 스스로 심판자의 위치에 올라가려는 교만행위이다. 그것은 또 하나의 범죄행위가 아닐 수 없다. 어떤 자세로 바로잡아야 하는가? 고압적인 자세로 해서는 안 되고, 바로잡되, 온유하고 부드러운 마음으로 해야 한다는 것이다. 정죄나 징계의 방법을 사용하지 말고, 세상 법에 호소하지 말고, 사랑으로 감화시켜 바로잡으라는 것이다.

둘째로 성령으로 사는 사람들은 이 사건을 자기 자신을 돌아보는 기회로 삼아야 한다. 스스로 살펴서 유혹에 빠지지 않도록 조심해야 한다. 우리가 남의 잘못을 생각하다 보면, 자기 잘못은 잊는 경우가 있다. 다른 사람의 허물에 대해서는 엄격하면서도, 자기 자신의 잘못에 대해서 관대한 경우가 많다. 다른 사람이 실수하는 것을 보면, 그것을 반면교사로 삼아서 스스로를 살펴야 한다. 앞차가 사고 났으면, 뒤에 따라오는 차는 반드시 조심해야 하는 것과 같다. 남의 실수를 보고 자기를 돌아볼 줄 아는 사람은 남의 실수를 비난하지 못한다.

2절에서는 "서로 남의 짐을 지라"고 한다. 그것은 상대방이 당하는 아픔과 고통을 공유하라는 뜻이다. 고통을 나누면 반으로 줄어들고, 기쁨을 나누면 두 배로 증가한다. 서로 남의 짐을 져주는 것이야말로 '그리스도의 법'(ho nomos Christou)을 이루는 것임을 천명한다. 1절에서 언급한 그리스도인이 실수로 저지른 범죄를 '짐들'(ta bare)이라고 말한다. 공동체가 그 범죄자의 고통을 분담해야 한다는 것이 바울의 입장이다. 형제의 고통을 나누어짐으로써 그리스도인은 '그리스도의 법'을 이룬다.

그러나 바울은 갈라디아서 전체를 통하여 일관성을 가지고 주장하는 것이 있다. 율법과 할례로는 구원을 받을 수 없고, 오로지 하나님의 은혜를 받아들임으로써만 구원에 이르게 된다는 것이다. 그런데 그 믿음은 사랑에서 표현되고, 이 사랑의 실천은 율법을 완성한다는 것이다.

그렇다면 율법에 대한 그리스도인의 관계는 무엇인가? 율법의 요구를 행하는 것 자체가 구원의 조건이 될 수 없다. 구원은 전적으로 하나님의 은혜의 선물일 뿐이다. 그리스도인은 오직 믿음(pistis)으로 이러한 사실을 받아들인다. 믿음을 통해서 구원받은 그리스도인의 삶은 어떠해야 하는가? '그리스도의 법'은 이 차원에서 이해되어야 한다.

약혼녀 마리아가 임신했다는 소식을 듣고 요셉은 어떻게 행동했는가? 그는 우선 그 사실을 있는 그대로 인정한다. 현실을 인정하고, 그대로 받아들이는 자세가 중요하다. "내 약혼녀 마리아가 임신했구나." 그리고 내 편에 서서 심판하기보다는, 상대편에 서서 그 사건을 이해하려고 노력한다. "그럴 만한 피치 못할 사정이 있겠지." 그런 다음 그 사건을 보는 사고의 전환을 꾀한다. 보다 적극적으로 생각한다. "그 사건이 전화위복의 기회가 될 수도 있지 않겠는가? 오히려 그것으로 감사하자." 요셉은 마리아의 스캔들에 대해서 부정적으로 대처하여 그녀를 정죄하는 것이 아니라 오히려 적극적으로 대처한다. 요셉은 마리아의 책임을 분담하여 그녀를 자기 집으로 데려온다. 상대방이 실수했을 때 그것을 해결하는 가장 좋은 방법은 그를 심판하지 않는 것이다.

실수를 했을 때 상대방으로부터 원하는 세 가지가 있다. 자기를 이해해 주기를 바라는 마음, 믿어주기를 바라는 마음, 자기 허물을 덮어주고 용서해주기를 바라는 마음이 그것이다. 나의 실수를 가족이 이해해주고, 자기를 믿어주고, 허물을 덮어주기를 간절히 바란다. 상대방으로부터 불신당하는 것처럼 괴로운 일은 없을 것이다. 그러기 위해서는 내가 먼저 상대방을 이해하고, 믿어주고, 용서해주어야 한다. 이렇게 함으로써 상대방의 짐을 지게 된다.

상대방의 짐을 서로 나누어짐으로써 그리스도의 법을 성취하게 된다. 그리스도의 법(ho nomos Christou)은 무엇인가? "내가 너희를 사랑한 것 같이, 너희도 서로 사랑하라."(요15:12) 사랑의 실천이야말로 그리스도의 법에 해당한다.

3절에서는 "만일 누가 아무것도 아니면서 무엇이 된 줄로 생각하면 스스로 속이는 것입니다"라고 한다. 교회공동체 안에서 그리스도의 도덕적 규범이나 사랑을 실천하지도 못하면서 형식적인 율법주의 신앙에 빠져 스스로 상당한 존재가 된 것처럼 착각하고 교만에 사로잡혀 있는 사람은 스스로를 속이는 어리석은 사람이다. 빈 수레가 요란하다는 옛 속담도 있다. 잘 익은 곡식은 머리를 숙이는 법이다. 성숙한 인격을 갖

춘 사람은 온유하고 겸손할 수밖에 없다. 우리가 인생을 살아가는 데 있어서 너무 큰 소리를 치는 사람을 경계해야 한다. 신앙도 마찬가지다. 기도만 하면 응답받는다거나, 하나님이 자기를 특별히 세워주셨다고 선전하고 다니는 사람들을 경계해야 한다. 그래서 바울은 "그런즉 선 줄로 생각하는 사람은 넘어질까 조심하라"고 한다(고전4:19).

4-5절에서는 "각 사람은 자기 행실을 살펴보십시오. 그러면 자기에게는 자랑거리가 있더라도, 남에게까지 자랑할 것은 없을 것입니다. 각자 지기의 짐을 져야 합니다"라고 한다. 잘못된 지식에 근거하여 율법 지키는 것을 대단하게 생각하여 형식주의에 빠져 자기기만과 착각에 빠져 신앙생활을 하는 사람들을 향하여 주는 경고이다.

다른 사람이 실수하는 것을 보면서 그것을 거울삼아 자기 짐을 져야 한다. 남의 일에 신경 쓰지 말아야 한다. 내가 하나님이 되어 상대방의 잘못을 심판하려고 해서는 안 된다. 그러다가 더 큰 실수를 저지르는 경우가 생긴다. 자기 짐을 지라는 것은 자기 일에 충실하라는 것이다. 내 짐을 바로 지는 것이 다른 사람의 짐을 더는 행위이다. 내가 내 짐을 지지 않으면, 다른 사람에게 짐을 지우게 된다.

그리스도인은 항상 자기 자신의 삶을 성찰하면서 살아야 한다. 설령 자기 자신에게 자랑할 것이 있다 하더라도 남과 비교하여 자랑해서는 안 된다. 자신을 남과 비교하는 데서 문제가 생긴다. 바리사이파와 세리의 기도하는 장면이 좋은 예이다(눅18:9-14). 바리새파는 세리와 비교하여 자기를 자랑한다. 그러나 세리는 아무것도 아닌 자기 자신의 실존을 고백하며 하나님의 자비를 구한다. 바울도 우리가 자랑할 것이 없음을 선언한다. "내가 지금의 내가 된 것은 하나님의 은혜입니다"(*chariti theou eimi ho eimi*)(고전15:10). 바울은 자랑 자체를 거부하는 것이 아니라, 자랑의 근거가 나 자신에게 있는 것이 아니라 하나님에게 있음을 깨닫게 된 것이다. 삶 전체를 하나님의 은혜로 받아들이고, 어떤 일을 당하든지 내가 하나님의 절대은총 아래 서 있다는 깨달음을 잊지 않고 이를 되뇌이고 암송하며 산다면 감사와 찬양이 끊이지 않을 것이다.

제 24 강

선한 일의 열매

6. 말씀을 배우는 사람은 가르치는 사람과 모든 좋은 것을 같이 나누어야 합니다. 7. 자기를 속이지 마십시오. 하나님은 조롱을 받으실 분이 아니십니다. 사람은 무엇을 심든지, 심은 대로 거둘 것입니다. 8. 자기 육체의 욕망을 따라 심는 사람은 육체로부터 썩을 것을 거두고, 성령의 뜻을 따라 심는 사람은 성령으로부터 영생을 거둘 것입니다. 9. 선한 일을 하다가 낙심하지 맙시다. 지쳐서 넘어지지 않으면, 때가 이를 때에 거두게 될 것입니다. 10. 그러므로 기회가 있는 동안에, 모든 사람에게 선한 일을 합시다. 특히 믿음의 식구들에게는 더욱 그렇게 합시다.(갈6:6 – 10)

　갈라디아서 전체를 통하여 바울은 오직 믿음(*pistis*)으로 인간은 의롭게 된다는 사실을 일관되게 강조해왔다. 그러면 믿음으로 의롭다함을 받은 그리스도인은 어떻게 삶을 살아야 하는가? 본문은 그리스도인의 생활윤리에 대하여 말한다.

　사람은 세상에 태어나서 3가지 복을 얻어야 한다는 말이 있다. 부모를 잘 만나는 복과 스승을 잘 만나는 복과 배우자를 잘 만나는 복이 그것이다. 아마도 신앙생활을 하는 사람에게는 영적 지도자를 잘 만나는 것도 큰 복에 속한다고 할 수 있다. 왜 그런가? 신앙인은 그로부터 영의 양식을 먹고 살기 때문이다.

　6절에서 바울은 함께 나누는 삶에 대해서 말하고 있다. '가르침을 받는 자'(*ho katechoumenos*)는 '가르치는 자'(*ho katechoun*)와 '모든 좋은 것'(*pas agathos*)을 함께 나누라고 권면한다. 바울은 여기에서 유아교육이 아니라 성인교육을 염두에 두고 있다. 가르침을 받는 자는 일반 성도들이고, 가르치는 자는 주의 종을 가리킨다. 가르침의 내용은 무엇인가? 하나님의 말씀(*ho logos*), 곧 복음을 지칭하고 있다. '좋은 것'에 해당하는 헬라어 '아가도스'(*agathos*)는 일차적으로 생활필수품을 지칭하지만, 여기에는 물질적, 경제적 재산은 물론 정신적 그리고 영적 재산도 포함된다. 교인은 목회자들의 영적 양식을 통해서 신앙이 풍요로워지고 자라게 된다.

영적 지도자는 생명의 양식을 성도들과 함께 나누며, 동시에 성도는 물질을 영적 지도자와 함께 나누어야 한다. 성도가 영적 지도자를 잘 받들게 되면, 후에 하나님 앞에서 영적 지도자가 받을 상급을 받게 된다. "선지자의 이름으로 선지자를 영접하는 자는 선지자의 상을 받을 것이다."(마10:41) 영적 지도자를 대접하는 자는 반드시 하나님께서 갚아주신다. 그러므로 성도들은 물질을 가지고 영적 지도자들이 생활 걱정하지 않고 복음전파에 전념할 수 있도록 조건을 마련해 주어야 한다. 주의 종들은 성경을 읽는 일과 권하는 일과 가르치는 일에 전념해야 한다(딤전4:13). 생활에 얽매어서는 제대로 복음을 전파할 수 없다(딤후2:4).

그런데 주의해야 할 것이 있다. 영적 지도자를 분별할 수 있는 지혜가 있어야 한다. 양의 탈을 쓰고 온 이리를 양인줄 알고 잘 대접해 주면, 나중에는 이리의 본색을 드러내며 물고 찢기 때문이다. 스스로 대접해달라고 암시를 한다거나, 영적 지도자답지 않는 말을 하고 행동을 한다면 그는 진정한 영적 지도자라고 말할 수 없다. 참된 영적 지도자는 하나님을 삶의 근원으로 삼기 때문에, 하나님께서 주시는 대로 만족하며 살아간다. 일단 영적 지도자로 나선 사람은 세상적인 물질에 집착해서는 안 된다. 직접적으로 또는 간접적으로 설교할 때나 사석에서 물질을 요구하는 사람을 주의 이름으로 대접해서는 안 된다. 그러나 순수하게 복음을 증거하는 사람과는 성령이 인도하시는 대로 모든 것을 나눌 수 있도록 해야 한다.

'함께하라'(koioneo)에 해당하는 헬라어는 '코이노니아'(koinonia)의 동사형인데, 코이노니아는 친구 사이의 사귐(fellowship)을 뜻한다. 영적 지도자를 특별 대우하라는 것이 아니다. 내게 주어진 형편에 따라, 가까운 친구를 대하듯이 그들과 좋은 것을 함께 나누라는 것이다. 내가 즐거울 때는 함께 즐겁게 하고, 내가 편안할 때는 그도 편안하게 하라는 것이다.

7절에서 바울은 마지막 심판 날에 내릴 하나님의 상벌을 생각한다. 심판 때에 사람들은 행위에 따라 심판받게 된다는 것이다. '심음'과 '거둠' 사이에 일어나는 인연과보의 창조법칙은 물론 성령으로 사는 사람들에게도 적용된다. 하나님은 천지만물을 창조하시고, 법칙을 따라 움직이게 하셨다. 인연과보의 법칙이 그것이다. 씨앗과 열매는 같다. 질적으로 같다. 콩 심은 데 콩 나고, 팥 심은 데 팥이 난다. 적게 심으면 적게 거두고, 많이 심으면 많이 거두게 된다. 자연의 법칙뿐 아니라 영적 세계에서도 동일한 법칙이 적용된다.

어리석은 사람은 봄에 씨앗을 뿌리지도 않고 여름에 김을 매지도 않고 놀면서 가을에 수확을 기대한다. 적게 심고 많이 거두려고 한다. 지혜로운 사람은 봄에 씨앗을 뿌리고 여름에 열심히 일을 하고 가을에 그에 상응하는 수확을 기대한다. 심은 만큼 거두려고 한다. 그러나 성인은 기대하지 않고 씨앗을 심고 김을 맨다. 결실에 집착하지 않는다. 심고 김매는 그 과정 속에서 기쁨을 맛보고 이미 결실을 얻기 때문이다. 하나님의 창조세계는 인과율의 지배를 받고 있다는 것을 깨달아야 한다. 그러나 그리스도인은 인과율이 지배하는 세계에서 살아가지만 인과율에 매이지 않고 초월한다.

어려운 일을 당할 때 우리는 먼저 믿음의 씨앗을 심어야 한다. 물질로도 심을 수 있고, 봉사로도 심을 수 있다. 주님께서 주시는 믿음의 분량대로 심어야 한다. 아무것도 심지 않고 거두려고만 할 때, 하나님을 속이고 스스로를 속이는 결과를 초래하게 된다. 우리는 나도 모르는 사이에 말로 심고, 생각으로 심고, 행동으로 심는다. 그 심은 것들이 습관을 형성하고 내 운명을 결정하게 된다. 그 업에 매여 살게 된다. 그러니 스스로 속지 말라고 한다.

하나님의 창조질서는 심은 대로 거두는 것이다. 어제 심은 것은 오늘 거두게 하시고, 오늘 심은 것은 내일 거두게 하신다. 금세에 심은 것은 내세에 거두게 하신다. "나를 미워하는 자의 죄를 갚되 아비로부터 아들에게로 삼사 대까지 이르게 하거니와, 나를 사랑하고 내 계명을 지키는 자에게는 천 대까지 은혜를 베푸느니라."(출20:5-6) 우리가 이 땅에서 거두지 못했다고 해서 낙심할 것이 못된다. 그것은 하늘나라에 보화를 쌓아놓는 일이 될 것이다. 갚아주시는 시기, 방법, 장소는 하나님께서 결정하실 일이다. 주의 이름으로 베푸는 선행은 절대로 부도나는 일이 없다. 기대하지 않고 베푸는 것이 중요하다. 베풀고 나면 그것을 잊어버려야 진정한 베풂이 된다.

8절에서 바울은 심은 대로 거둔다는 인과율적 심판의 경고를 육(sarks)과 영(pneuma)의 이원론에 입각하여 다시 설명한다. "자기의 육에 심는 사람은 육으로부터 썩을 것을 거두고, 영에 심는 사람은 성령으로부터 영생을 거둔다." 바울은 알레고리적으로 설명한다. 육과 영은 '밭'으로 비유된다. 육에 심는 사람은 육에서 거두어들이는데, 그것은 영원한 썩음(fthora aionia)이다. 따라서 육에서 거두어들인 것으로는 하나님 나라를 유업을 받을 수 없다(5:21). 그 결과는 멸망이다. 그러나 영에 심는 사람은 영에서 거두어들이는데, 그것은 영원한 생명(zoe aionia)이다. 세상 사람들은 자기 육체를 위해서 돈과 시간을 부지런히 심는다. 그러나 그 결과는 허무뿐이고 썩는 것밖에 없다. 그러나 하나님의 영광을 위하여 그리고 이웃을 위하여 물질과 몸과 시간을 심는 사람은 영으로 심는 사람인데, 그는 현세에서 참된 위로와 평안을 얻을 뿐 아니라, 내세에서 영생을 얻게 된다.

9절에서 바울은 종말론적 경고를 호소함으로 끝맺는다. 어떤 호소인가? "선한 일을 하다가 낙심하지 맙시다(me engkakomen)." '선한 일'(to kalon poiein)은 성령의 열매를 맺는 일이요, 동시에 성령 안에 거하는 것이다. '선을 행하는 것'은 그것이 성령의 열매에 참여하게 된다는 점에서 '율법의 행함'과 다르다. 갈라디아교회 성도들은 지금 선을 행하고 있다. 그러나 문제는 그들이 지금 선을 행하는 데 있어서 싫증을 느끼고 있다는 것이다. 선을 행하다가 어찌하여 그들이 낙심하게 되었는지, 그 이유는 밝히지 않는다. '낙심하다'로 번역된 '엥카케오'는 지치고 쉽게 싫증나다는 뜻도 지닌다. 일반적으로 열광적인 신앙의 소유자들은 신앙에 지속성이 없다. 시간이 흐름에 따라 쉽게 낙심한다. 그다음은 무엇인가? 육이 그 기회를 얻게 된다(5:13).

"지쳐서 넘어지지 않으면, 때가 이를 때에 거두게 될 것입니다." 그리스도인의 자유로운 삶은 성령의 은혜에 의해서 가능해졌다. 따라서 그리스도인은 생활 속에서 성령의 열매를 맺어야 한다. '때'로 번역된 '카이로스'(kairos)는 일반적인 시간을 뜻하는 '크로노스'(chronos)와 달리 '특정한 때'를 가리킨다. 하나님께서 역사에 개입하실 때, 곧 심판의 때를 가리킨다. 선을 행하는 일에 있어서 지치지 않고 꾸준히 하면, 언젠가는 영생의 결실을 맺게 되는 때가 반드시 오게 될 것이다. 눈물로 씨를 뿌리는 자는 기쁨으로 단을 거둘 때가 반드시 있다(시126:5).

10절에서 바울은 보다 일반적인 형태로 권면한다. "모든 사람에게 선한 일을 합시다." 그것은 곧 성령의 열매를 맺는 삶을 뜻한다. 하나님께서 교회가 아니라 '세상'(kosmos)을 사랑하셔서 외아들을 보내셨다. 하나님의 사랑과 구원이 편파적이지 않고 보편성을 지니고 있다면, 그리스도인의 윤리적 삶 또한 보편적인 성격을 지녀야 한다. 선을 행하는 데 있어서 대상을 제한하거나 한계를 두어서는 안 된다. 경계를 초월하여 사랑해야 한다. 바울은 아마도 유대교의 선민의식과 배타성을 배격

하고 있는 것 같다. 선을 행하는데도 기회가 있다. 아무리 선을 행하고
싶어도 기회를 놓치면 할 수 없다. 기회가 주어질 때 미루거나 지체하
지 말고 모든 사람에게 선을 행해야 한다. 그렇지 않으면 나중에 후회
하게 된다.

　이어서 바울은 '믿음의 식구들'(*oikia tes pisteos*)에게는 더욱 그렇게
해야 한다고 말한다. 이것은 보편적 사랑의 실천을 포기하라는 것이 아
니다. 선을 행하는 데 있어서 한계를 두어서는 안 되지만 그러나 우선
순위가 있다. 믿음에 의해서 하나님의 자녀가 된 형제자매들을 우선으
로 돌보아야 한다는 것이다. '식구'(*oikia*)는 아주 작은 공동체를 가리
킨다. 바울의 선교가 '가정교회'(house church)의 모습을 띠고 있었음
을 보여준다.

제 25 강
육체의 자랑

11. 보십시오. 내가 여러분에게 직접 이렇게 큰 글자로 적습니다.
12. 육체의 겉모양을 꾸미기를 좋아하는 사람은, 여러분에게 할례를 받으라고 강요합니다. 그것은 그들이 그리스도의 십자가 때문에 받는 박해를 면하려고 하는 것입니다. 13. 할례를 받는 사람들 스스로도 율법을 지키지 않으면서 여러분에게 할례를 받게 하려는 것은, 여러분의 육체를 이용하여 자랑하려는 것입니다. (갈6:11-13)

　본문은 결론에 해당한다. 바울이 말하고자 하는 바는 무엇인가? 첫째
로는 바울은 갈라디아교회 교인들을 향한 그의 사랑이 전달되기를 바
란다. 아무리 사랑한다 할지라도, 표현하지 않으면 상대방이 알 수 없
다. 사랑하는 마음은 말과 행동으로 표현되어야 한다. 자녀가 잘못하여
꾸짖을 때에도 잊어서는 안 될 것이 하나 있다. 꾸짖음으로 끝내서는
안 된다. 꾸짖은 다음에 "나는 너를 사랑한다"는 말을 꼭 해야 한다.
그것이 대단히 중요하다. 뜨거운 사랑이 전달되지 않으면, 그 꾸짖음은
오해를 일으키고 재난을 초래하기도 한다. 그러나 부모의 사랑이 자녀
들의 가슴속에 전달되면, 부모의 꾸짖음과 교훈은 자식을 변화시키고
사랑의 열매를 맺게 된다.

　바울은 이 편지를 손수 친필로 썼다는 점을 독자들에게 환기시킨다.
그가 무슨 이유로 '큰 글자'(*pelika grammata*)라는 표현을 사용하고 있
는지는 명확하지 않다. 바울은 편지를 쓸 때 직접 쓰지 못하고, 대부분
대필시켰던 것 같다. 다메섹 도상에서 부활한 주님을 만날 때도 그러했
지만, 아마도 눈병으로 고생하여 시력이 현저하게 저하되었기 때문일
것이다.

그런데 6장 11절에서 끝부분까지는 대필시킨 것이 아니라, 바울이 불편을 무릅쓰고 손수 쓴 것 같다. 그래서 큰 글자를 말한다. 이제는 내가 하는 이야기가 중요하므로 대문자로 쓰겠다는 것이다. 헬라어에는 소문자와 대문자가 있다. 중요한 사항이나 특별히 강조해야 할 내용이 있을 때 대문자를 쓰는 것이 일반적인 상식이다. 바울은 편지의 결론을 맺으면서 한편으로는 손수 '큰 글자'로 씀으로써 성도들에 대한 사랑을 나타내고, 다른 한편으로 그가 평생 강조했던 복음의 핵심을 다시 한번 그들에게 환기시킨다. 지금까지 쓴 이야기를 모두 기억을 못한다 할지라도 이 한마디만은 꼭 기억하고 있어야 한다는 것이다.

이제 바울이 큰 글자로 쓴 내용이 무엇인지 살펴보자. 그는 갈라디아서의 주제를 상기시킨다. 예수 그리스도야말로 우리에게 의로움이 되고 구원이 된다는 사실이다. 구원은 그리스도 십자가 사건을 나를 위한 은혜사건으로 승인하고 믿는 데서 비롯된다. 그리스도교의 구원은 믿음을 통해서 선사되는 은혜의 의로움이지 율법의 의로움이 아니다. 신앙의 의로움이지 행위의 의로움이 아니다. 갈라디아교회가 이를 혼동한 데서 문제가 생겼다. 그래서 바울은 할례와 신앙의 의로움을 대조시켜 설명하고 있는 것이다.

12절에서 바울은 율법주의자들에 대하여 날카로운 공격을 퍼붓는다. 그들은 억지로 할례를 강조하였던 것 같다. 그들이 할례를 강조하는 이유는 첫째 '육체의 겉모양(euprosopesai)을 꾸미기 위함'이었다고 한다. '유프로소페사이'의 원형 '유프로소페오'(euprosopeo)는 얼굴을 뜻하는 '프로소폰'(prosopon)과 '좋은'을 뜻하는 '유'(eu)의 합성어이다. '얼굴을 좋게 꾸미다'로 번역이 가능하다. 할례를 통하여 형식적이고 외면적인 겉치레에만 신경을 쓰고 또한 그것을 자랑거리로 삼았음을 표현한 것이다. 이로 인해 갈라디아교회는 할례파와 비할례파로 나뉘어졌다. 고린도교회에서도 이와 비슷한 문제가 발생했다. 누구에게 세례를 받았

느냐에 따라 아볼로파, 바울파, 게바파로 갈라졌기 때문이다(고전1:10 -
17).

13절에서는 무엇보다도 육체를 자랑하는 신앙의 형식주의를 문제 삼
는다. 반대자들이 할례를 강요하는 것은 다른 뜻에서가 아니라 육체를
자랑하려고 하는 데 있다는 것이다. 자기 자랑에 빠지면 자기 의로움을
남에게 보이려는 데 급급한 나머지 다른 것이 보이지 않는다. 예수께서
는 사람들에게 보일 목적으로 기도하거나 아니면 사람들에게 칭찬받으
려고 선을 행하는 것을 금지한다. 주님께서는 기도할 때 골방에 들어가
서 하고 금식할 때는 머리에 기름을 바르고 얼굴을 씻으라고 했다. 선
을 행하거나 금식을 하는 데 티를 내지 말라는 것이다(마6:16 -18).

우리는 너무 사람들을 의식한 나머지 형식주의 신앙에 빠지는 경우
가 종종 있다. 외형에 치우치다 보면 내적인 충실을 잃어버리기 쉽다.
그렇게 되면 신앙의 내용까지 잃어버리게 된다. 할례를 받은 것, 기도
많이 한 것, 오래 믿은 것, 무슨 직분을 받은 것, 헌금을 많이 한 것,
환상을 본 것을 자랑한다. 이런 것들을 장식품으로 생각하고 이것으로
몸을 치장하려고 한다. 이들은 자기도 모르는 사이에 형식적인 신앙에
빠지게 된다. 그렇게 되면 관록만 남게 되고 그리스도는 사라지게 된
다. 신앙에서는 외적인 경건보다는 내적인 경건이 더 중요하다. 신앙의
형식보다 그 내용에 더 충실해야 한다. 육체의 자랑에 치우치다 보면
자가당착에 빠지기 쉽고, 끝내 위선자가 되고 만다. 모름지기 신앙인은
육체의 자랑을 경계해야 한다.

바울의 반대자들은 '그리스도의 십자가로 인한 핍박을 면하기 위하
여' 할례받기를 강요하였다고 한다. 갈라디아교회 교인들은 본래 이방
인으로 구성되었다. 이제 예수를 믿음으로 구원받았음으로 더 이상 왈
가왈부할 것이 없다. 그런데 율법주의자들이 와서 예수만 믿어가지고는
안 된다. 믿음 하나만 가지고는 안 되고, 할례를 받아야 한다고 주장한

다. 바울은 예루살렘에 갔을 때 할례받지 않은 이방인을 성전에 데리고 들어갔다가 유대인들에게 죽임을 당할 것이 뻔한 적이 있다(행21:27 - 320. 갈라디아교회에 침투한 반대자들은 유대인들의 눈이 무서워 자신들이 율법에 위배되는 행위를 하지 않고 있다는 것을 보이기 위하여 할례를 강요했던 것 같다.

바울은 우리에게 도무지 자랑할 것이 없고, 있다면 그리스도 예수의 십자가뿐이라고 한다. 그리스도로 인하여 세상이 나를 대하여 십자가에 못박히고, 내가 또한 세상에 대하여 못박혔다고 한다. 바울이 그리스도를 만났을 때 세상이 그에 대하여 죽었고, 그 결과 지금까지 바울과 세상이 완전히 격리된 상태에 놓이게 되었다. 바울은 이어서 나 또한 세상에 대해서 그러하다는 것을 강조한다.

바울이 살던 시대는 로마가 세계를 통치했다. 로마는 그들이 점령한 식민지마다 자치권을 허용하고, 그 나라 종교를 믿도록 허용하였다. 팔레스티나를 지배하면서 로마는 유대인들에게 예루살렘 성전 예배를 인정하였고, 유대교를 자유롭게 믿도록 허용하였다. 그러나 기독교는 그렇지 못하였다. 예수가 누구인가? 로마 총독 빌라도에 의해서 재판받고 사형판결을 받아 십자가에 처형된 정치범이 아닌가? 로마의 입장에서 볼 때 반역자로 몰린 그 예수를 그리스도인은 메시아로 고백하였다. 예수가 십자가에 처형당했다는 사실 하나만 가지고도 초대교회는 로마로부터 박해를 피할 수 없었다.

초대교회는 이중으로 핍박을 받았다. 로마로부터 핍박을 받았을 뿐만 아니라, 동족인 유대인들로부터도 핍박을 받았다. 왜냐하면 유대인들은 예수를 메시아로 인정하지 않았기 때문이다. 초대교회는 예수를 믿어야 구원받는다고 가르친다. 유대주의자들은 할례받고 율법을 지켜야 한다고 주장한다. 이러한 상황에서 유대계 그리스도인 가운데 일부는 신앙의 지조를 지키지 못하고 예수도 믿고 할례도 받는 혼합주의(syncretism) 신앙이 형성되었던 것이다. 아마도 갈라디아교회 교인들을 혼란에 빠뜨린 바울 반대파들도 바로 유대계 그리스도인 그룹에 속한 사람들이었을 것이다.

한국교회는 처음부터 우상숭배를 금지했다. 제사도 못 지내게 하고, 집에서 섬기던 잡다한 미신을 모두 청산하고 배타적으로 예수를 믿도록 했다. 조상숭배를 금했기 때문에 초창기 한국교회 성도들 가운데 많은 수가 박해를 받고 그중에는 순교를 당하는 신도들도 있었다. 일제시대에 기독교인들은 신사참배를 강요당했다. 주기철 목사를 비롯하여 신사참배에 반대한 신도들은 감옥에 들어가고 그곳에서 순교했다. 그러나 대부분 신도들은 현실에 타협했다. 신사참배에 참여하였다.

A.D.4세기 콘스탄티누스 황제에 의해서 로마의 국교로 선포되기 전까지, 기독교는 로마세계에서 공인받지 못한 신흥종교에 불과했다. 따라서 그리스도교는 그에 따른 핍박을 감수하지 않으면 안 되었다. 어거스틴은 그의 책 <고백록>에서 그리스도인의 실존을 고난으로 설명한다. "그리스도인은 고난을 받지 않으려고 해서는 안 된다. 만일 고난이 없다면 그는 더 이상 그리스도인이 아니다." 그는 예수 때문에 받는 핍박과 고난을 오히려 영광으로 자랑스럽게 생각해야 하고, 그것은 당연히 달게 받아야 한다는 것이다.

그들이 할례를 주장하는 것은 율법에 대한 존경심에서 우러나온 것이 아님을 알 수 있다. 바울은 갈라디아교회 교인들의 그와 같은 생각이 성령을 따라 된 것이 아니라, 육체를 따라 나온 것임을 알고 이를 단호히 꾸짖는다. 구원을 받기 위하여 예수도 믿고 동시에 할례도 받는다는 것은 지극히 인간적인 발상이 아닐 수 없다. 하나님과 맘몬을 동시에 섬길 수 없듯이, 신앙에서는 둘 중에 하나를 선택하지 않으면 안 된다.

할례는 율법의 일종이다. 예수를 믿어도 할례를 받아야 구원을 받는

다고 주장한다면, 그것은 결국 율법을 다 지켜야 한다는 것과 다를 바
없다. 그런데 할례를 주장하는 그들 스스로 율법을 다 지킬 수 없다는
데 문제가 있다. 그들 자신도 율법을 다 지키지 못하면서 갈라디아교회
교인들에게 할례를 강요하는 것은 그들로 하여금 육체로 자랑하게 하
려는 것 외에 다른 것이 아니다.

제 26 강
예수의 낙인

14. 그런데 내게는 우리 주 예수 그리스도의 십자가밖에는 자랑할 것이 아무것도 없습니다. 그리스도로 말미암아 내 쪽에서 보면 세상이 죽었고, 세상 쪽에서 보면 내가 죽었습니다. 15. 할례를 받거나 안 받는 것이 중요한 것이 아니라, 새롭게 창조되는 것이 중요합니다. 16. 이 표준을 따라 사는 사람들에게와 하나님의 백성 이스라엘에게 평화와 자비가 있기를 빕니다. 17. 이제부터 누구든지 나를 괴롭히지 마십시오. 내 몸에는 예수 그리스도의 낙인이 찍혀 있습니다. 18. 형제자매 여러분, 우리 주 예수 그리스도의 은혜가 여러분의 심령에 있기를 빕니다. 아멘. (갈6:14 - 18)

바울은 복음을 철저하게 십자가와 부활에 근거하여 이해하였다. 십자가와 부활이야말로 복음의 핵심이요 내용이었다. 이것을 신학적으로는 케리그마(Kerygma)라고 부른다. 케리그마는 헬라어로 '선포'를 뜻하는데, 십자가와 부활이 그 중심에 서 있다. 왜 바울은 복음을 십자가와 부활에 근거하여 선포하고 있는가?

바울은 생전에 역사적 예수를 만난 적이 없다. 예수께서 펼친 하나님 나라 운동에 참여한 적도 없다. 바울은 본래 그리스도인 핍박에 앞장섰던 열성파 바리사이파 사람이었다. 바울은 다메섹으로 피신한 그리스도인들을 수색하기 위하여 그곳으로 가는 길목에서 환상을 보게 되었고 그가 핍박했던 예수의 음성을 듣게 된다. 부활한 예수와 인격적인 만남은 그로 하여금 인생의 방향을 180도로 바꾸게 하는 전환점이 되었다. 그는 율법 중심의 신앙에서 은혜 중심의 신앙으로 전환하였고, 내 의로움을 통해서가 아니라 하나님의 의로움을 통해서 구원받을 수 있음을 깨닫게 되었다. 이 깨달음을 계기로 바울은 예수를 핍박하던 사람에서 예수를 전파하는 사도가 되었다. 바울은 역사적 예수가 아니라, 십자가와 부활사건을 근거로 신앙을 이해하였던 것이다. 편지를 끝내면서 바울은 다시 한번 십자가의 복음을 강조하고 있음을 알 수 있다.

14절에서 바울은 만약 그리스도인에게 자랑할 것이 있다면, 그것이 무엇인가를 묻는다. 그리스도인의 자랑의 근거는 바울 반대자들이 주장하는 것처럼 육(율법)에 근거해서는 안 된다는 것이다. 우선 바울은 "내게는 결코 자랑할 것이 없습니다"라고 선언한다. 이 구절은 할례로 대표되는 유대교 율법주의에 대한 강한 부정을 나타낸다.

물론 바울이 모든 형태의 자랑을 부정하는 것이 아니다. 왜냐하면 이어서 그는 "우리 주 예수 그리스도 십자가 외에는……" 자랑할 것이 없다고 말하기 때문이다. 그리스도인에게 자랑할 것이 있다면, 그것은 나에게 관계된 것이 아니라, 오로지 십자가에 관계된 것뿐이다. 그런 의미에서 바울은 고린도교회 교인들에게 "자랑할 것이 있으면 주를 자랑하라"고 권면한다(고후10:17).

그리스도인은 무엇에 근거하여 자기 자신을 이해해야 하는가? 오로지 십자가에 근거해서이다. 십자가의 빛에서 자기 실존을 이해해야 한다. 세상의 돈이나 명예나 출세의 빛에서 이해해서는 안 된다. 십자가와의 관계 속에서 나의 과거, 현재, 미래를 보고 내 자신의 모습을 보아야 한다. 자신의 문제, 가정의 문제, 교회의 문제, 사회의 문제도 그 해결책을 십자가와 연관성 속에서 찾아야 한다. "나는 여러분 가운데서 예수 그리스도, 곧 십자가에 달린 그분 밖에는, 아무것도 알지 않기로 작정하였습니다."(고전2:2)

예수를 만나기 전에 바울은 자랑할 것이 많았다. "나는 난 지 여드레 만에 할례를 받고, 이스라엘 민족 가운데서도 베냐민 지파요, 히브리인 가운데서도 히브리인이요, 율법으로는 바리새파 사람이요, 열성으로는 교회를 박해하였고, 율법의 의로는 흠 잡힐 데가 없습니다."(빌3:5-6) 그뿐만 아니다. 바울은 당대 예루살렘 최고의 라삐 가말리엘 밑에서 율법을 배웠고, 동시에 헬라세계의 철학과 사상에도 통달한 엘리트

지식인에 속했다. 육적으로 볼 때 바울은 자랑할 것이 많은 사람이었다. 그러나 예수를 만난 후 그는 이와 관계된 가치들을 버렸다. 왜 그런가? 이것들과 비교할 때 그리스도를 아는 지식이 가장 고귀함을 깨닫게 되었기 때문이었다. 바울은 "내가 그리스도 때문에 모든 것을 잃었고, 그것들을 오물로 여기게 되었다"고 말한다(빌3:8).

그리스도인에게 자랑할 것이 있다면 그것이 무엇인가? 구원받았다는 사실이다. 그런데 그 구원은 내 노력의 대가로 획득된 것이 아니다. 그리스도의 십자가와 부활을 통해서 거저 선사된 것이다. 나에게 자랑할 것이 있다면, 그것은 "내가 축적한 업적"이 아니라, "그(그리스도)를 통해서 나에게 일어났던 십자가"를 근거로 해야 한다. "그것(십자가)을 통하여 세상은 내게 대하여 못박혀 죽었고, 나는 세상에 대하여 못박혀 죽었습니다." 십자가를 통하여 나는 세상에 대하여, 세상은 나에 대하여 못박혔다고 한다. 무슨 말인가? 죽음으로써 둘 사이의 관계가 끊어졌다는 뜻이다. 십자가를 통하여 나는 세상의 부귀영화가 무관하게 된 것이다.

따라서 자랑할 것이 있다면 십자가 외에 없다. 십자가만을 자랑하라는 바울의 주장은 그의 칭의론적 윤리에 부합된다. 그리스도인은 비록 육을 입고 살지라도 '육에 따라'(kata sarka) 살아서는 안 된다. '성령에 따라'(kata pneuma) 살아야 한다. 그리스도인은 세상과 어떤 관계를 맺고 살아야 하는가? 비록 세상을 떠나서는 살 수 없지만 세상에 사로잡혀서는 안 된다. 세상에 살고 있지만 세상에서 자유한 삶을 살아야 한다. 그리스도인은 세상에 속한 사람들이 아니라 하늘의 시민권을 소유하고 있기 때문이다. 천국 시민으로서의 자의식을 가져야 한다(빌3:20). 그리스도와의 만남을 통해서 바울은 가치관이 바뀌었다. 삶의 목표가 바뀌고 인생의 현주소가 바뀌게 된 것이다.

15절에서 바울은 할례나 무할례가 중요한 것이 아니라, '새로운 피조물'(*kaine ktisis*)이 되는 것이 중요함을 말한다(참조, 고후5:17). 크티시스는 창조하는 행위를 의미하는 명사로서 창조된 것을 뜻한다. 그리스도의 십자가를 믿음으로 말미암아 새롭게 태어난 사람을 일컫는다. 구원받는다는 것은 곧 '새로운 피조물'이 되는 것을 뜻하는데, 그것은 그리스도인이 지향하는 궁극적 목표이다. '옛 피조물'은 사람(*anthropos*) 또는 육(*sarks*)으로 표현되기도 하는데, 그것은 하나님의 구원에서 배제된 인간의 실존을 드러낸다. 그리스도인은 '그리스도 안'(*en Christo*)에서 존재의 변화를 체험한 사람을 일컫는다. 바울이 말하는 '새로운 피조물'은 요한복음서에서 등장하는 중생(重生)이나 거듭남과 동일한 의미를 지닌다. 참된 구원은 할례를 받느냐 받지 않느냐, 이 교파냐 저 교파냐에 따라서 결정되는 것이 아니다. 새로운 피조물로 거듭났느냐 그렇지 않느냐에 따라 결정된다. 새로운 피조물은 십자가 안에서 성령으로 거듭남으로써만 가능하다.

16절에서 '새로운 피조물'은 그리스도인의 삶의 규율(*ho kanon*)이라 부른다. '카논'은 '지팡이', '갈대', 경계, 표준, 규율이라는 뜻으로 번역이 가능하다. 그리스도인에게는 율법이나 할례와 같은 옛 가치척도가 더 이상 힘을 발휘하지 못한다. 이제 그리스도께서 주신 새로운 카논, 새로운 가치척도에 따라 살아야 한다. 그리스도의 십자가를 믿는 믿음이 우리를 구원으로 인도하는 유일무이한 길이다.

'하나님의 이스라엘'은 유대인에게 한정된 개념이 아니다. 이방인이든 유대인이든 그리스도께서 주신 믿음이라는 새로운 가치척도에 따라 사는 그리스도인을 총칭하는 개념이다. 구약시대 구원의 주체가 이스라엘이었다면, 신약시대 구원의 주체는 그리스도인이다. 바울은 그들에게 '평화'(*eirene*)와 '자비'(*eleos*)를 기원한다. 이러한 축복은 우리가 십자가 안에서 새로운 존재로 변화될 때 선사된다.

17절에서 바울은 "앞으로는 아무도 나를 괴롭히지 마십시오. 내 몸에는 예수의 낙인이 찍혀있습니다"라고 한다. '괴롭히다'(*kopous parekein*)라는 단어는 바울의 서신 중에 이곳에서만 나온다. 갈라디아서를 쓰게된 동기가 바로 여기에서 발견된다. 괴롭히지 말라는 이유 가운데 하나로써 바울은 내 몸에는 '예수의 낙인'(*ta stigmata tou Iysou*)이 찍혀 있다고 말한다.

예수의 낙인이 뜻하는 바는 무엇인가? '스티그마'(*stigma*)는 신약성서에서 이곳에만 등장한다. 바울시대는 고대 노예제 사회에 해당한다. 생산력을 담당하는 노예는 주인의 소유였다. 그렇기 때문에 주인이 마음대로 매매할 수도 있고, 도망갔을 경우에 잡아 죽일 수도 있었다. 이를 방지하기 위하여 주인은 인두를 달구어서 노예의 몸에 주인 이름의 문신을 새겨 넣었다. 한 번 도망친 노예는 영원한 낙인을 가지게 되는데, 그 순간부터 인권이 완전히 박탈당하고 영원히 주인의 소유물로 남게 된다.

동시에 스티그마는 헬라세계에서 널리 사용된 '종교적 문신'을 뜻한다. 그 당시 그리스도인들은 어떠한 문신을 몸에 하였을까? 아마도 십자가였을 개연성이 높다. 그러나 바울은 그리스도인이 새긴 몸의 문신에 한정지어 '예수의 낙인'을 말하지 않았다. 그가 복음을 전하면서 당해야만 했던 온갖 고통과 핍박을 포함하여 그로 인한 몸의 여러 상처들도 스티그마에 해당한다. 바울은 이 흔적들을 수치스럽게 생각하는 것이 아니라, 오히려 영광스럽게 생각하였다. 나에게는 그리스도의 흔적이 있다. 그 흔적은 바울이 그리스도의 온전한 소유물이라는 사실을 입증할 뿐만 아니라, 그에게는 사도로써의 권위(*eksousia*)를 나타내는 징표이기도 하였다. 그러니 괴롭히지 말라고 충고한다. 바울은 복음을 전파하면서 살을 베고 뼈를 깎는 듯한 심한 고통을 겪었음을 잘 보여주고 있다. 우리 몸에는 과연 어떤 흔적들이 있는가? 예수를 믿어 손해보고, 고난당하고, 박해를 받은 일이 얼마나 되는가? 우리 몸에 영원히

지울 수 없는 예수의 흔적들을 가지고 있는가?

18절에서 바울은 축도로 서신을 마친다. "형제자매 여러분, 우리 주 예수 그리스도의 은혜가 여러분의 심령에 있기를 빕니다." 이 축도는 갈라디아교회 교인들의 마음속에 그리스도의 형상이 이루어지기를 희망하는 내용을 담고 있다(갈4:19).

참고문헌

갈라디아서, 옥스퍼드 원어성경대전, 재자원, 2005.

Becker, J. *Der Brief an die Galater,* Göttingen 1976.

Betz, H.D. *Galatians. A Commentary on Paul's Letter to the Churches in Galatia*, Philadelphia 1979.

Beyer, H.W. *Der Brief an die Galater*, Göttingen 1970.

Borse, U. *Der Brief an die Galater*, Regensburg 1984.

Borse, U. Der Standort des Galaterbriefes, Köln 1972.

Bring, R. *Der Brief des Paulus an die Galater*, Berlin 1968.

Bruce, F.F. *The Epistle of Paulus to the Galatians. A Commentary on the Greek Text*, Exeter 1982.

Burton, E. de W. *A critical and exegetical commentary on the epistle to the Galatians*, London 1965.

Kuss, O. *Die Brief an die Römer, Korinther und Galater*, Regensburg 1955.

Lietzmann, H. *An die Galater*, Tübingen 1971.

Lührmann, D. *Der Brief an die Galater*, Zürich 1978.

Mussner, F. *Der Brief an die Galater*, Leipzig 1977.

Oepke, A. *Der Brief des Paulus an die Galater*, Berlin 1984.

Binder, H. *Der Glaube bei Paulus*, Berlin 1968.

Blank, J. *Paulus und Jesus. Eine theologische Grundlegung*, München 1968.

Bornkamm, G. *Luthers Auslegung des Galaterbriefes von 1519 und 1531. Ein Vergleich*, Berlin 1963.

Eckert, J. *Die urchristliche Veründigung im Streit zwischen Paulus und seinen Gegnern nach dem Galaterbrief*, Regensburg 1971.

Galley, K. *Altes und neues Heilsgeschehen bei Paulus*, Berlin 1965.

Gunther, J.J. *St. Paul's opponents and their background. A study of apokalptic and Jewish sectarian teachers*, Leiden 1973.

Hübner, H. *Das Gesetz bei Paulus. Ein Beitrag zum Werden der paulinischen Theologie*, Göttingen 1978.

Jewett, R. *Paulus – Chronologie. Ein Versuch*, München 1982.

Käsemann, E. *Paulinische Perspektiven*, Tübingen 1969.

Kahl, B. *Traditionsbruch und Kirchengemeinschaft bei Paulus. Eine exegetische Studie zur Frage des <anderen Evangeliums>*, Berlin 1977.

Kasting, H. *Die Anfänge der christlische Mission*, München 1969.

Räisänen, H. *Paul and the Law*, Tübingen 1983.

Rigaux, B. *Paulus und seine Briefe, Der Stand der Forschung*, München 1964.

Schmithals, W. *Paulus und die Gnostiker*, Hamburg 1965.

Sanders, E.P. *Paul, the Law, and the Jewish People*, Philadelphia 1983.

Mussner, F. *Theologie der Freiheit nach Paulus*, Freiburg 1976.

Rohde, J. *Der Brief des Paulus an die Galater*, Berlin 1989.

지은이 약력

　김명수는 성균관대학교, 한신대학교, 한신대학교 대학원을 거쳐 독일로 유학한 후 함부르크대학교에서 신학박사(Dr.theol.) 학위를 취득하였다. 그는 한국신학연구소 학술부장, 함부르크대학 부설 선교 아카데미 연구원, 부산신학대학 교수, 에큐메니칼신학연구소장, 경성대학교 학생 상담실장을 역임한 바 있다. 현재 경성대학교 교수로서 신학대학장으로 재직하고 있으며, 동시에 생명문화목회연구원장, 믿음교회 목사, 평화 복지재단 및 부산 생명의 전화 이사로도 봉사하고 있다. 지은 책으로는 <원시그리스도교 예수연구>(한국신학연구소), <그리스도교의 탈현대성>(대한기독교서회), <민중생명신학 담론>(한국신학연구소), <야고보서 주석>(대한기독교서회), <역사적 예수의 생애>(한국신학연구소), <안병무 평전>(살림) 외에 다수가 있다.

본 도서는 한국학술정보(주)와 저작자 간에 전송권 및 출판권 계약이 체결된 도서로서, 당사
와의 계약에 의해 이 도서를 구매한 도서관은 대학(동일 캠퍼스) 내에서 정당한 이용권자(재
적학생 및 교직원)에게 전송할 수 있는 권리를 보유하게 됩니다. 그러나 다른 지역으로의 전
송과 정당한 이용권자 이외의 이용은 금지되어 있습니다.

복음의 자유-갈라디아서

• 초판 인쇄	2007년 10월 31일
• 초판 발행	2007년 10월 31일
• 지 은 이	김명수
• 펴 낸 이	채종준
• 펴 낸 곳	한국학술정보㈜
	경기도 파주시 교하읍 문발리 526-2
	파주출판문화정보산업단지
	전화 031) 908-3181(대표) · 팩스 031) 908-3189
	홈페이지 http://www.kstudy.com
	e-mail(출판사업부) publish@kstudy.com
• 등 록	제일산-115호(2000. 6. 19)
• 가 격	24,000원

ISBN   978-89-534-7705-6 93230 (Paper Book)
        978-89-534-7706-3 98230 (e-Book)